A Baar

Lucians Dialog: Der Pseudosophist

A Baar

Lucians Dialog: Der Pseudosophist

ISBN/EAN: 9783742896773

Hergestellt in Europa, USA, Kanada, Australien, Japan

Cover: Foto ©Thomas Meinert / pixelio.de

Manufactured and distributed by brebook publishing software (www.brebook.com)

A Baar

Lucians Dialog: Der Pseudosophist

LUCIANS
DIALOG „DER PSEUDOSOPHIST"

erklärt und beurtheilt

von

Prof. A. BAAR.

I. Prolegomena.

Klarheit, Korrektheit und Anmut des Stils (s. Lexiph. c. 23 **Einleitung.**
a. E. μάλιστα δὲ χάρισι καὶ σαφηνείᾳ θύε), Eigenschaften, die der
Autor selbst in einem für seine Zeit so seltenen und daher kaum genug anzuerkennenden Grade erreicht hat, empfiehlt derselbe mehr oder
weniger nachdrücklich in mehreren seiner Schriften. Dahin gehört zunächst[1]) *Judicium vocalium*, worin diejenigen Hyperatticisten verspottet
werden, welche das σ durch τ zu verdrängen suchten. *Rhetorum praeceptor* ist gegen diejenigen Rhetoren seiner Zeit gerichtet, die in affektirter Rede, in der Häufung von veralteten und kaum verständlichen
Wörtern das Wesen des wahren Atticismus zu finden glaubten. Ähnlicher Tendenz ist *Lexiphanes*, worin gegen eben diese Sucht der Hyperatticisten (vgl. Lexiph. c. 25), wahrscheinlich mit Berücksichtigung
von Pollux's Onomastikon, in dem sich viele dieser seltenen Wörter finden, losgezogen und empfohlen wird den alten Vorbildern nachzustreben (c. 23: ζηλοῦν δὲ τὰ ἀρχαῖα τῶν παραδειγμάτων). Zu dem, was im
Rhetor. praec. allgemein und theoretisch abgehandelt wird, gibt die im
Lexiph. enthaltene Rede ein konkretes Beispiel.

Unsere Schrift endlich ist gegen die Soloecismen gerichtet. Der **Σολοικιστής.**
Name *Soloecismus* (nach Gell. V. 20 richtiger *soloecum*, lat. *inparilitas,
stribligo* von στρέφω) hat seinen Namen wahrscheinlich von der cilicischen (nicht von der cyprischen) Stadt Σόλοι, deren Einwohner sich
durch den Verkehr mit den Ureinwohnern Ciliciens einen schlechten
griechischen Dialekt angewöhnt haben sollen. Namentlich versteht man
darunter Fehler gegen die Syntax[2]). Daher der zweite Titel unserer

---

[1]) Wir übergehen hier die Schrift Pseudologistes, worin hauptsächlich (doch vgl. c. 24 und 29, wo einige andere Einzelheiten erwähnt
werden) über den Gebrauch des Wortes ἀποφράς gehandelt wird, ebenso
Quom. hist. s. scrib., wo ja vorzüglich der *Inhalt* berücksichtigt wird.

[2]) Auch im allgemeineren Sinne: Fehler gegen den Geschmack,
z. B. *Luc. de Saltat.* c. 27 und 80. Auch von Verstössen auf dem Gebiete des Vergnügens *Nigrin.* c. 31.

Schrift Σολοικιστής[3]), in der Λυκῖνος[4]) zeigen will, dass es nicht gar so leicht sei, wie Viele glauben, rein und richtig zu sprechen und alle Verstösse zu vermeiden.

Ψευδοσοφιστής. Der Mann, an dem dies gezeigt wird, ist ein Ψευδοσοφιστής[5]) d. i. ein auf Gelehrsamkeit und Beredsamkeit ohne Grund eingebildeter Mensch (vgl. c. 1.: ἀπαίδευτος γὰρ ἂν εἴην. c. 3. g. E. ὑπὸ τῆς ἄγαν παιδείας. c. 9.: σὲ δὲ οὐδεὶς ἂν θεῶν ἀγνοοῦντα παύσει. Ebenda g. E. ἀπαίδευτον ὄντα. c. 12. g. E.: οὐκ εἰδώς), dessen Einbildung durch den Nachweis selbst elementarer Unkenntnis gründlich erschüttert wird. Wenn im *Rhet. praec.* c. 17 als bestes Mittel gegen Soloecismen und Barbarismen ironisch die Unverschämtheit und Berufung auf Dichter oder Prosaiker, die es nie gegeben hat, empfohlen wird, so ist unser Pseudosophist auch zum Gebrauche dieses Mittels zu einfältig.

Gliederung. Es lassen sich in dem Schriftchen deutlich drei Theile unterscheiden, die im Verhältnisse einer Gradation zu einander, freilich ziemlich unvermittelt, stehen. Nach einer kurzen Einleitung begeht im

Ersten Theile (c. 1: ἴθι νῦν ἐμοῦ λαβοῦ — c. 5.) Lykinos selbst absichtlich Sprachfehler, um die Kenntnis des Andern auf die Probe zu stellen. Hiebei deutet er nirgends *bestimmt* an, worin der Fehler liegt, sondern lässt den Pseudosophisten darüber überall im Unklaren. Denn auch in Stellen wie c. 3: ὥστε μηδ᾽ αὐτὸ τοῦτο σολοικίζοντας κατανοῆσαι oder c. 4. ἐπεὶ καὶ τόδε σολοικισθὲν ἀπέφυγί σε, ferner c. 2: ὅτε τὸ ἆθλον ἔφην σε καταπράξαι, c. 3: καὶ νῦν ἔξεστιν ἰδεῖν τὸν λαγώ, ist die Hinweisung nicht deutlich genug, um den Pseudosophisten den Sitz des Fehlers erraten zu lassen. — Im

Zweiten Theile (c. 5 — c. 7. a. E.) wird eine Reihe von Fehlern vorgebracht, jedoch so, dass auf die Auffindung des Fehlerhaften *hingeleitet* wird. Dies geschieht meist durch ironische Fragen oder ähnliche Wendungen. Freilich finden sich auch hier schon einige Stellen, die in das Gebiet der *Belehrung*, das erst dem dritten Theile angehört, hinübergreifen, worin eine gewisse nicht zu Gunsten der Schrift sprechende Planlosigkeit zu erkennen ist. So wird statt προκόπτειν ausdrücklich

---

[3]) Eigentlich begeht im I. und III. Theile nur Lyk. Soloecismen, während der Andere sich korrekt ausdrückt. Aber insofern der Andere die von Lyk. *absichtlich* gemachten Fehler nicht bemerkt, kann er Soloecist genannt werden. Genau genommen passt jedoch dieser Titel nur auf den II. Theil, wo der angenommene *Interlocutor* selbst Fehler macht, während dem I. und III. Theile der andere Titel Ψευδοσοφιστής besser entspricht.

[4]) Gräcisirung für Λουκιανός, das mehr römisch klingt.

[5]) Über die Bedeutung des Namens Sophist zu Lucians Zeit s. *Rhet. praec.* a. Anf. und Sommerbrodt Einleit. z. d. Ausgew. Schriften Bd. I. S. XXVII.

ἐπιδιδόναι als das gebräuchliche empfohlen, so wird χρᾶσθαι als unattisch, ἀριστᾶν und ἀριστάνειν als ganz unbekannt verworfen.

Auffallend erscheint ferner in diesem Abschnitte c. 6 a. Anf.: πρὸς τοὺς σολοικίζοντας Ἀττικῶς, was so aussieht, als ob es sich bisher nicht um das Attische, sondern um das allgemein Griechische gehandelt hätte, und als ob es sich erst *von nun an* um jenes handeln würde, während doch offenbar in der *ganzen* Schrift Feststellung des Atticismus der Zweck ist. Aber der Umstand, dass c. 7 a. Anf. ἀττικίζοντός τινος und ebenda a. E. ὡς δὴ Ἀττικόν hinzugesetzt wird, legt es nahe, wie an diesen beiden Stellen, so auch c. 6 a. Anf. jenes Ἀττικῶς nur auf das im unmittelbaren Zusammenhange damit angeführte Beispiel zu beziehen. Vergleicht man weiter Lexiph. c. 21 und *Rhet. praec.* c. 16 und 18, wo gewisse Ausdrücke der Hyperatticisten verspottet werden (μῶν, κᾆτα, ἦ δ'ὅς, ἀμηγέπη, λῷστε, δήπουθεν und besonders ἄττα), deren sich diese mit Vorliebe, auch wo sie nicht passten (*Rhet. praec.* c. 18 a. E.: κἂν μηδὲν αὐτῶν δέῃ), bedienten, so wird man es nicht unglaublich finden, dass wir es auch bei jenem νῶϊ, νῶϊν (c. 6. a. Anf.) mit einem solchen **Lieblingsworte** der Hyperatticisten zu thun haben[6]), und dass somit nur auf diese Formen sich der Ausdruck Ἀττικῶς bezieht. Die Ironie würde insofern noch gesteigert sein, als grade die Formen νῶϊ und νῶϊν nicht attisch sind, sondern νώ, νῷν, und der Soloecist sie überdies noch mit einander verwechselt.

In dieser ganzen Partie (c. 5 — c. 7 a. E.) nun ist ein gewisser Sokrates von Mopsos, den man sich als einen Grammatiker zu denken geneigt ist, der Wortführer. Wer unter diesem Sokrates zu verstehen, ist nicht zu ermitteln. Mopsos ist zunächst der Name eines Lapithen, womit wir aber für unsern Gegenstand Nichts gewinnen, sondern jenen Sokrates für eine rein fingirte Person[7]) zu halten veranlasst werden. Ein zweiter Mopsos war der Sohn des Apollon und der Manto, der nach Troias Zerstörung mit Amphilochos, dem Sohne des Amphiaraos, die Stadt Mallos[8]) in Cilicien gründete. Aus Mallos war bekanntlich der Grammatiker Krates, auf dessen Namen angespielt sein könnte mit dem vom Mopsos abstammenden So*krates*. Abgesehen davon, dass wir von einem Aufenthalte des Krates in Aegypten Nichts wissen — die Fiktion der Geschichte könnte man schon Lucian dem Dichter zu Gute halten — wäre der Anachronismus, der in einer Begegnung Lucians

---

[6]) Da seit der alexandrinischen Zeit der Gebrauch des Duals immer seltener wurde und sich gewissermassen nur künstlich erhielt, so mochte der Gebrauch von Formen wie νώ, νῷν affektiert erscheinen.

[7]) Dies ist auch das Wahrscheinlichste; ebenso erdichtet wie wohl auch Nigrinus. Ob auch Demonax?

[8]) vgl. überdies Mopsuestia d. i. Μόψου Ἑστία, bedeutende Stadt Ciliciens.

mit Krates läge, bei unserem Schriftsteller nicht beispiellos, **wie er denn
den** Ikaromenippos vom Himmel herab Gegenstände erblicken lässt, die
der Zeit nach mehr als ein Menschenalter von einander entfernt waren.
Doch will ich diese ganze Vermuthung nur als eine sehr entfernte Möglichkeit erwähnt haben, zumal **man keinen Grund sieht,** weshalb Lucian
den Namen des Krates in dieser Weise hätte maskiren sollen.

Was nun den Übergang vom ersten zum zweiten Theile betrifft, so
ist derselbe schwierig **und unklar.** Was können die **Worte** ἔλεγεν ἀνεπαχθῶς (c. 5), wie sie dastehen, **anderes** besagen als dass jener Sokrates
Soloecismen der besprochenen Art **ohne** Weiteres (ἀνεπαχθῶς) selbst
beging und andere ihretwegen nicht tadelte, wohl aber (μέντοι γε) gegen
Fehler anderer Art empfindlich **war?** Aber wie sollen die bisher angeführten und die von nun an bis c. 7. a. E. anzuführenden Soloecismen *wesentlich* verschieden sein? Und wenn jenen Sokrates selbst so elementare Fehler wie μέγα ἆθλον für μέγαν ἆθλον nicht genirten, wie
konnte derselbe auf so manche Feinheiten, von denen er etliche Proben
gibt, achten? Man wäre geneigt die Pointe in der Persiflirung des Sokrates als eines spitzfindigen Puristen zu suchen, der sich um handgreifliche Verstösse, wie die eben angeführten, nicht kümmert, sondern
Fehler da sucht, wo eigentlich nur übertriebener Scharfsinn, der à tout
prix Fehler finden will, Etwas aufzuspüren vermag. Aber auch diese
Annahme ist unzulässig, da auch in diesem Theile ganz elementare
Dinge, wie χρᾶσθαι, ἀφιστάνειν, λῆμμα für λῆμα zur Sprache gebracht
werden, ein Verfahren, welches auch Etwas von jener oben gerügten
Planlosigkeit verräth.

Um einen befriedigenden Zusammenhang herzustellen, erwarte ich
etwa folgende Gedankenreihe: „So mache ich es mit meinen Soloecisten,
indem ich nämlich absichtlich Fehler **begehe und zuwarte,** ob dieselben
erkannt werden. Sokrates von Mopsos aber behandelte (ἔλεγε?) Fehler
solcher Art ohne Bosheit, wie man sie vielleicht in meinem Verfahren
wittern könnte, und übte keinen *offenen* Tadel gegen die Fehlenden,
wohl aber suchte er sie durch Fragen und Winke auf ihre Fehler aufmerksam zu machen, wofür ich nun Beispiele anführen will". — Wir
hätten es alsdann in dem, was Sokrates bespricht, nicht mit einer
andern *Art* von Soloecismen zu thun, sondern mit einem andern *Verfahren* gegenüber denselben. Dann aber scheint ἔλεγεν unmöglich, man
erwartet etwa ἔφερεν (liess sich gefallen). Auch μέντοι γε ist mir auffallend;
man erwartet jetzt, wo Beispiele angeführt werden, πρὸς μέν γε (vgl.
Calapl. c. 14, wo statt des richtigen μέν γε eine Hds. μέντοι hat. Ähnl.
beides neben einander in den Hds. c. 26) oder πρὸς μὲν γοῦν, wie c. 6
πρὸς γοῦν. Der

Dritte Theil (c. 8 — zu Ende) endlich, in dem wieder Lykinos
das Wort ergreift, enthält ausdrükliche *Belehrungen* über Sprachfehler.

(c. 9. διδακτέον, ὅπως τοῦτο μὴ πείσεται. c. 12. Σ: οὕτω γάρ σε δεῖ προδιδάσκειν. Α. ἑτέρως γὰρ λέγοντος οὐ κατανοεῖς; c. 10 εἴ μοι πάντα ἐπέλθοις,... σεσολοίκισται.). Es wird hier *direkt* auf den Fehler hingewiesen und dieser als solcher bezeichnet, es wird über Unterschiede von Synonymen, über verschiedene Konstruktionen **desselben** Wortes, über *genera verbi* **gehandelt**.

Über die Zeit der Abfassung des Gespräches **lässt sich** nicht viel Bestimmtes sagen. Aus jener Begegnung mit Sokrates in *Aegypten* kann **geschlossen** werden, dass die Schrift nach Lucians Übernahme seiner aegyptischen Stellung, also in seiner letzten Lebensperiode abgefasst sei. Jedenfalls aber ist der Pseudosophist *nach* **dem** Lexiphanes geschrieben. Denn die Worte c. 11: τὸ δὲ **καθέσθητι** ἤκουόν σου λέγοντος ὡς ἐστιν ἐκφυλον, wegen deren Manche **im** Vorhergehenden eine Lücke annehmen zu **müssen** glaubten, beziehen sich doch wohl gewiss auf Lexiphanes c. 25: τὸ καθεσθεὶς οὐδὲ μετοικικόν (= ἐκφυλον). Denn dass **hier** das Partic., dort der Imperat. steht, ist natürlich unwesentlich.

Und eben diese **einen Zweifel** schwerlich zulassende Beziehung lässt sich gegenüber denen, welche **unsere** Schrift dem Lucian absprechen (neuestens auch Fritzsche), für **ihre** Authenticität geltend machen, vorausgesetzt — dass Lexiphanes echt **ist**. Aber freilich wird **auch** dieser verworfen, z. B. **von** Bekker.

Indess dürfte der Beweis für die Unechtheit des Lexiph. nicht leicht zu erbringen sein. Wenigstens sieht man bisher nichts Entscheidendes dafür angeführt, und was mich selbst betrifft, so habe ich mich trotz **wiederholter** Lektüre und trotz der *praeiudicata opinio*, womit ich an **dieselbe ging, von** der Unechtheit des Lexiph. nicht überzeugen können. Vielmehr **finde** ich, dass Lexiph. eine nicht gewöhnliche Belesenheit und lucianische Satire bekundet, und sehe nicht, in welcher Beziehung die Schrift Lucians unwürdig sein sollte. Wer sollte sie auch geschrieben haben? Ein mittelmässiger Kopf gewiss nicht. So lange also die Gegner die Unechtheit der Schrift nicht eingehend und schlagend **begründen**, wird **man** dieselbe **für Lucians Werk** zu halten berechtigt **sein**, falls man nicht ein blosses Gefühl **für ein** zur Verwerfung **einer** Schrift genügendes Argument halten will.

Ist nun Lexiph. echt, so folgt, dass auch der Pseudosophist demselben **Verfasser angehöre, man müsste denn** annehmen, dass der Fälscher jene **Beziehung** absichtlich hergestellt habe, um seinem Erzeugnisse den Stempel **der** Authenticität aufzudrücken. Die *Möglichkeit* dieser Annahme lässt sich natürlich nicht leugnen, aber *wahrscheinlich* wird sie erst dann, wenn andere *zwingende* Gründe gegen die Echtheit **der** Schrift sprechen. Wie sieht es aber in dieser Beziehung **aus**?

Zuzugeben ist ohne Weiteres, dass die Schrift nicht zu den be-

---

Seitennotizen: Abfassungszeit. Echtheitsfrage.

sten, **geistvollsten** und witzigsten Werken Lucians gehört[9]). Es finden sich in ihr nicht blos Unklarheiten, wie die oben hervorgehobene beim Übergange vom ersten zum zweiten Theil, die indess durch Änderung zu beseitigen ist, sondern auch trotz der deutlich hervortretenden Gliederung eine gewisse Planlosigkeit, indem z. B. im zweiten Theile Stellen vorkommen, die man erst im dritten Theile erwarten würde. Planlosigkeit verräth auch die Wiederholung derselben Sache, auf die im Kommentar zu c. 5 hingewiesen ist. Auch fehlt es nicht an schaalen, nichtssagenden Witzen, wie **gleichfalls** an den betreffenden Stellen des Kommentars angemerkt ist.

Aber alle diese Einwendungen **erledigen sich** durch die Bemerkung, dass eben auch Lucian wie andere **Sterbliche**, nicht lauter Gutes geschrieben hat. *Quandoque bonus dormitat Homerus*. Auch ist zu berücksichtigen, dass die Schrift an Korruptelen leidet und unser **Text an** einigen Stellen reinen Unsinn bietet.

Man könnte ferner die **Geringfügigkeit**[10]) des Inhalts gegen die Echtheit der Schrift anführen. Es ist wahr, dass die wirklichen Ergebnisse für **Feststellung des Atticismus, die wir** unten[11]) zusammenstellen — **ohne Zweifel muss** auch das vom **Sokrates Getadelte** als **vom Lykinos selbst getadelt** angesehen werden — verhältnismässig nicht bedeutend sind, wenn man das ohne hinreichende Gründe oder auch grundlos Beanstandete in Abzug bringt. Aber in dieser Beziehung, um sich nämlich über alle *Einzelheiten* des attischen Sprachgebrauchs gehörig zu **unterrichten und** dieselben **parat zu** haben, standen eben **dem Schriftsteller, der** allerdings im *Allgemeinen* den Atticismus beherrschte, nicht überall so bedeutende Mittel zu Gebote wie etwa dem neunzehnten Jahrhundert.

---

[9]) Des *Bourdelotius* Urtheil über **diesen** Dialog: *est mire fabricatus propter varias texturae significationes* ist zu günstig.

[10]) Aber in dieser Beziehung wird auch zu berücksichtigen sein, dass es der Schrift nicht an Lücken fehlt, und dass, wenn nicht mehre, so mindestens **eine** (s. Komment. z. c. 12) ohne Zweifel nachweisbar ist.

[11]) Als unattisch, und das gesperrt Gedruckte als überhaupt falsch, sind zu betrachten: ἄρτι (und νῦν δή) *cum fut.*, ὄφελον als Konjunktion (c. 1.), ἀρτιγένειος für ἀρτιγενής, τὸ ἆθλον für *labor* (c. 2), διέφθορα als *intransit.* (c. 3), αὐξάνειν als *intransit.* (c. 4), μεθύσης für μεθυστής, λέλογχα für εἴληχα, λῆμμα für λῆμα, μεῖραξ für μειράκιον, δεδίττομαι für δέδοικα, κορυφαιότατος, ἐξ ἐπιπολῆς, συντάττεσθαί τινι für *iniungere alicui alqd.* oder *componere alqd. c. aliquo*, περιστῆναι von Einem, συγκρίνεσθαι für συνδικάζεσθαι (c. 5.), die Verwechselung von ν ῶ ϊ (νώ) und ν ο ῖ ν (νῷν), κάρηναι für κείρασθαι, βασανίζεσθαι von Krankheiten (c. 6), στοχάζομαι für φείδομαι, ἀριστᾶν und ἀριστάνειν, χρᾶσθαι, ἐκ τότε, ἰδού für ἴδε, ἀντιλαμβάνομαι für συνίημι, βράδιον, τάχιον, ἵπτασθαι, φάττος, φακός für φακῆ (c. 7), ἀνέῳγα als *intransit.* (c. 8), καθ᾽ εἷς, ἀπολιπεῖν γυναῖκα (c. 9.), ἄττα für ἅττα (c. 10), ἐκαθέσθην (c. 11), καταδουλοῦν für καταδουλοῦσθαι (c. 12).

Denn die βιβλία ἃ ἐπὶ τῷ ἀττικίζειν ἀναγινώσκομεν (*Cass. Dio.* 55. 12) waren gewiss nur von beschränktem Werte.

Dass ferner Lucian selbst Vieles von dem, was hier angefochten wird, anderswo unbedenklich gebraucht hat, kann ebenfalls nicht als stichhaltiger Grund gegen die Echtheit dieser Schrift vorgebracht werden. Denn es gibt kaum einen Schriftsteller, dem sich nicht Nachlässigkeiten und Inkorrektheiten im Ausdrucke nachweisen liessen, was aber nicht hindert, dass derselbe in einer zur Bekämpfung der Sprachfehler *ex professo* abgefassten Schrift auch solche Ausdrücke, die er selbst einmal gebraucht, aber *die diem docente* als falsch erkannt hat oder erkannt zu haben glaubt, tadele.

Was nun endlich die Diktion der Schrift betrifft, so lässt sich doch wohl nicht leugnen, dass dieselbe, mit Ausnahme der natürlich *absichtlich* gemachten Fehler, Lucians würdig ist. Die *wirklich unächten* Schriften Lucians verrathen sich in ganz anderer Weise, athmen einen ganz anderen Geist. Wer wird z. B. wenn er vom Dialog Charidemos, um von dem berüchtigten Philopatris ganz zu schweigen, auch nur wenige Kapitel gelesen hat, an der Unechtheit zweifeln? Ja selbst in den nur *zweifelhaften* Schriften, wie im *Asinus* oder in den *Amores*, welch' gewaltiger Abstand der Diktion von den unbezweifelt lucianischen Werken! Einen solchen Massstab lege man an unsere und noch manche andere dem Lucian voreilig abgesprochene Schrift an, und man wird in seinem Verdammungsurtheile behutsamer werden. Bekker ist eben im Lucian zu weit gegangen, wie etwa Ast im Platon. — So sähen wir denn, dass Alles, was sich gegen die Echtheit der Schrift vorbringen lässt, nicht zwingend, nicht überzeugend ist, während jene obige Beziehung auf Lexiphanes ein starkes Vorurtheil für die Echtheit des Pseudosophisten begründet. Somit können wir nur dem Urtheile derer, die, wie Jacobitz und Sommerbrodt, die Schrift zu den lucianischen zählen, beipflichten.

II. Kommentar.

Dem Kommentar, der Graeves Anmerkungen (Amstelodami 1668) Manches verdankt, aber wegen etlicher dort übergangener Schwierigkeiten nicht überflüssig sein dürfte, ist die Ausgabe von Jacobitz (*Lips.* 1876) zu Grunde gelegt. Das Hauptaugenmerk ist natürlich auf die Prüfung und Erörterung der theils wirklichen theils angeblichen Soloecismen gerichtet. In der Anführung von Parallelstellen habe ich mich im Ganzen beschränkt, oft nur das Resultat *pro* oder *contra* allgemein hingestellt.

c. 1. ὁ δέ γε μὴ φυλάξασθαι sc. δυνατός, welches auch zu γνῶναι zu wiederholen. — τὸν οὕτως ἔχοντα = σολοικίζοντα. — φῂς οὐ σολοικίζειν. Nachdrucksvoller als οὐ φῄς σ. vgl. c. 8: πῶς φῂς οὐ δυνήσεσθαι; — λέγωμεν, *deliberativus*, nothwendige Verbesserung Halm's st. λέγομεν. — ἀπαιδεύτος γάρ. γάρ bezieht sich auf ein unterdrücktes „Ja". — τηλικοῦτος ὤν hoc aetatis. — τοῦτο d. i. σολοικίζειν. — ἐμοῦ, nachdrucksvoll mit Bezug auf das vorangehende ἕτερον. — ἄρτι δὲ σολοικιᾷ. Erster absichtlicher Soloecismus: ἄρτι cum fut., welche Verbindung sich erst bei Späteren findet. App. b. Mithr. 69: ὡς ἄρτι δὴ κριθησόμενος. Für ἄρτι war αὐτίκα (μάλα) zu setzen. Was von ἄρτι gilt, soll auch von νῦν δή gelten (c. 9 a. E.), beide mit Praes. oder Praeter. Wie ἄρτι, findet sich *modo* zuweilen cum fut., z. B. bei Terenz Andria 3. 4. 15: *domum modo ibo.* — παίζεις ἔχων. Ebenso *Icarom.* c. 24. s. Krüger Spr. I. 56. 8. 4. — κατανοῆσαι sc. σολοικισμόν aus dem vorhergehenden σολοικίσας. — ἐπεὶ ἃ μὲν — ἃ δέ. Die Begründung mit ἐπεί ist ziemlich nichtssagend und hat, wie dies auch an manchen der folgenden Stellen der Fall ist, nur den Zweck einen Soloecismus anzubringen: ἃ μέν — ἃ δέ für τὰ μέν — τὰ δέ. Indess findet sich der gerügte Gebrauch von ὅς seit Demosth., wenn auch sehr selten bei Attikern. Luc. selbst hat die beanständete Ausdrucksweise z. B. *Tim.* c. 57: διαδιδοὺς.... ᾧ μὲν πέντε δραχμάς, ᾧ δέ μνᾶν, ᾧ δὲ ἡμιτάλαντον. *Rhet. praec.* c. 15.: ἃ μέν... ἐπιδεικνύς..., ἃ δὲ καὶ παραιτῶν. — ἔπῃ. ἕπεσθαι wie im folgd. ἀκολουθεῖν — assequi. — ἐπεὶ ὄφειλον καὶ νῦν ἀκολουθῆσαι δυνήσῃ. Wegen des folgenden τοὺς τρεῖς und ὅλους ἄρτι γενείους (c. 2) könnte man darauf verfallen zu glauben, dass in den eben genannten Worten drei Fehler beisammen liegen. Als ersten Fehler könnte man die jonische Form ὄφειλον (statt ὤφελες). Über ὄφειλον als Konjunktion bei Späteren s. Kühner Ausf. Gramm. *II. p. 195* Anm. 6), als zweiten δυνήσῃ, statt dessen ein Infinitiv zu setzen war, und als dritten etwa die Verbindung des νῦν cum fut. rechnen, wie denn letzteres auch wirklich, wenngleich ohne zureichenden Grund, der Scholiast thut. Dieser rechnet in den Worten ἐπεὶ ὄφειλον.... δυνήσῃ überhaupt zwei Fehler: διττῶς οὖν **ἐν τῷ ἑνὶ** σεσολοίκισται, διὸ καὶ λέγει ὅτι τρὶς σεσολοίκισται, indem er also das obige ἄρτι und ἃ μέν — ἃ δέ als einen Fehler zählt. Aber es sind vielmehr diese als zwei und ὄφειλον... δυνήσῃ zusammen als der dritte Soloecismus zu betrachten. — ἐπεὶ ὄφειλον wie sonst ὡς ὄφειλον z. B. Aristoph. Frösche 955. Luc. Pseudolog. c. 25.

c. 2. σολοικισμόν. Lyk. in seiner Antwort urgirt den Singular: τὸν ἕνα. — ἀρτιγενείους „milchbärtig" für ἀρτιγενεῖς oder ἀρτιγεννήτους „eben gemacht". Dies ist der vierte Fehler, daher im Folgd. τετραπλῇ. — λέλεκται καὶ σεσολοίκισται wie c. 1. a. E. λέγω καὶ σολοικίζω. — μέγα ἆθλον. Wie καταπρᾶξαι (ausführen) zeigt, war μέγαν ἆθλον (von ἆθλος = ἀγών, Arbeit) zu sagen. — οὐ μέγα μέν, ἀναγκαῖον δὲ τ. ὅ. Nicht gross, meint der Pseudosophist bescheiden, wäre die Leistung, um gleich mit arrogantem Selbstbewusstsein hinzuzufügen: wohl aber notwendig d. h. selbstverständlich bei einem, der dies (die Aufspürung der Soloecismen) für seine Pro-

fession erklärt. — πότε νῦν; wann war dieses „jetzt" der Fall? *Cod. Marc.*
436 hat: Σολ. πότε; Λυκ: νῦν ὅτε, was einer **Korrektur** ähnlich sieht. —
καταπρᾶξαι. Man erwartet allerdings, wie Halm wollte, die Hinzufügung
von ἄν. Doch handelt es sich dem Lyk. weniger um genaue Wiedergabe
des Gedankens als um den Hinweis auf das falsche *genus* von ἆθλον:
als ich von dir den Ausdruck gebrauchte ἆθλον καταπρᾶξαι. — ὀρθῶς
ἔφης. Sarkasmus. Die Form ἔφης für ἔφησθα ist bei den Attikern wenig
üblich. Vgl. übrigens Fritzsche zu *Fugit.* 29, der vielmehr φῄς verlangt. —
πρόϊθί γε ἐς τὸ ἔμπροσθεν. Soloecistisch soll sein die Verbindung des
προϊέναι mit ἔμπροσθεν, welches sich gewönlich **auf das Vorhergehende**
bezieht, wie in τὰ ἔμπροσθεν τούτων ῥηθέντα. Lyk. verlangt vermutlich
ἐς τὸ πρόσω. Doch προπορεύεσθαι ἔμπροσθεν bei Xen. Cyr. IV. 2. 23,
εἰς τοὔμπροσθεν προϊέναι bei *Plat. Leg.* VI. p. 755 B. Wegen der ange-
nommenen Beziehung des ἔμπροσθεν auf das Vorhergehende wirkt das
folgende ἕπεσθαι komisch. — συνήσων ἄν = καίτοι συνήσοις ἄν, ironisch.

ὧν Assimilation für τούτων ἅ. — τὸ νῦν ῥηθέν, nämlich προϊέναι ἐς c. 3.
τὸ ἔμπροσθεν. — ἐκδραμόντα sc. σολοικισμόν, wofür aber in scherzhafter
Weise, theils um im Bilde zu bleiben, theils um einen (vermeintlichen)
Fehler anzubringen, im Folgd. λαγοί substituirt wird. — ἀλλὰ μήν *atqui.* —
τὸν λαγοί. Der Artikel mit Bezug auf das vorhergehende λαγοί. Den **Feh-**
ler sucht der Scholiast in λαγοί für λαγών. Indess ist die Akkusativform
λαγοί bei den Attikern üblicher. (s. Krüger Spr. I. 16. 3. 2). Den Akku-
sativ λαγών hat allerdings Luc. z. B. *De domo* c. 24. Der Tadel dürfte
sich also darauf beziehen, dass λαγοί auch für den Dual gehalten werden konnte. — ἐν σολοικισμοῖς πεσόντες „in's Sprachfehlernetz gerathen" —
τῆς ἄγαν παιδείας ironisch. — διέφθορας. Diese Pfktform ist hier intran-
sitiv gebraucht, bei den ältern Attikern stets transitiv. Für den intrans.
Gebrauch citirt Graeve aus Luc. selbst *Dial. Deor.* 13. 2: διεφθορὼς
τὸ σῶμα, wo aber jetzt nach Handschriften διεφθαρμένος gelesen wird
(siehe Fritzsche z. d. St.), ferner Nigr. c. 15: διεφθορότων ᾀσμάτων,
welches aber auch aktiv genommen werden kann: *cantilenae corrum-*
pentes. Sommerbrodt streicht die Worte διεφθ. ᾀσμ. unter Berufung
auf unsere Stelle. Aber dann müssten wir noch gar **Manches in An-**
spruch nehmen. — αὐτὸ τοῦτο: τὸ διέφθορας. — σολοικίζοντας ist Objekt. — οὐ γὰρ πρόσεστιν αὐτῷ τὸ τίνα. Diese Worte halte ich für ein
Interpretament, da Lyk. im ersten Theile des Gespräches den Pseudosophisten überall im Unklaren lässt, worin der Fehler liegt. Ähnlich
unten c. 10: ὀρθῶς.... συντιθέμενον.

ἴσῃ sc. σολοικίζοντα. — τῶν τὰς τίτθας θηλαζόντων. Da θηλάζειν c. 4.
sowohl vom Kinde (saugen) als von der Amme (säugen) vorkommt, so
liegt das Tadelnswerte in der Zweideutigkeit des Ausdrucks, der abzu-
helfen war durch τὰ τιτθία statt τὰς τίτθας oder durch τῶν ἐκ τίτθης
θηλαζόντων nach *Luc. Zeuxis* c. 4: ἐκ τῆς ἵππου θηλάζει. — ἤ *alioquin.* —

εἰ οὐ νῦν. οὐ ist anstössig. Man erwartet εἰ μή oder εἰ μηδὲ νῦν, wie c. 8: εἰ μηδὲ νῦν ἀκολουθήσεις. Aber der Mangel der feineren Unterscheidung von οὐ und μή fällt bei Lucian öfter auf. Oder sollte οὐ hier *absichtlich* gesetzt sein? Doch schwerlich, da man sonst wenigstens **eine** Andeutung, **dass da ein Fehler vorliege**, erwarten würde. οὐ im Konditionalsatz z. B. Hermot. 76. a. E., wo ich Fritzsche's Behandlung der Stelle für verunglückt halte. — αὐξάνοντα für αὐξανόμενα, wiewol αὐξάνειν seit Aristoteles auch intrans. erscheint. — τῷ μηδὲν εἰδότι, *dat. iudicii*. — Die ganze Antwort des Lyk. (κἀμὲ.... εἰδότι), die allerdings ein schaaler Witz, um nicht zu sagen Unsinn ist, verstehe ich so: Er will sagen, dass ein Fehler wie das ebengenannte διαφθορᾶς (c. 3 a. E.) selbst von einem Kinde leicht bemerkt werden müsste. Daher werde der Pseudosophist, der den Fehler nicht sieht, vermutlich erst ein Kind werden müssen, um ihn zu sehen. (vgl. Lexiph. c. 25: τὰ πλεῖστα ἐγκαταμιγνύεις τοῖς λόγοις, ἃ μηδὲ παῖς ἄρτι μανθάνων ἀγνοήσειεν ἄν). Um aber einen Soloecismus zu begehen, setzt er zu παιδίων hinzu: τῶν τὰς τίτθας θηλαζόντων. Dann fährt er fort, dass, wenn auch dieser Gallimathias jenem nicht einleuchte, es für ihn schon überhaupt keine Soloecismen mehr geben werde. Aber auch hier will er noch einen Fehler anbringen. Statt daher zu sagen: „Kein Mensch wird mehr in deinen Augen fehlen" sagt er, indem er an das obige παιδίων anknüpft: οὐδὲ αὐξάνοντα παιδία. — ἀληθῆ λέγεις. Der Pseudosophist fasst die Worte τῶν τὰς τίτθας θηλαζόντων im Sinne von „die Ammen (Objekt) säugend", und der Unsinn, den sie, so gefasst, geben, leuchtet ihm ein. Ebenso leuchtet ihm die von Lyk. daran geknüpfte Bedingung und Folge ein. Daher sagt er ἀληθῆ λέγεις. Den Fehler in αὐξάνοντα merkt er nicht. — ταῦτα, was nämlich Andere fehlen, im Gegens. zum **Folgenden** ἑαυτῶν, den eigenen Fehlern. — τῶν ἑαυτῶν. Nominativ τὰ ἑαυτῶν. Auf dieses ἑαυτῶν bezieht sich das folgd. τόδε σολοικισθέν, indem statt ἑαυτῶν gesagt werden sollte ἡμῶν αὐτῶν. Doch ist jener Gebrauch des Reflexivs der attischen Prosa wie auch sonst dem Luc. selbst, (z. B. *Catapl.* c. 9. ἑαυτῷ von der ersten Person) keineswegs fremd, und wenn ihn auch Krüger Spr. I. 51. 2. 15 einen misbräuchlichen nennt, so hat er doch seine Analogie z. B. in den slavischen Sprachen. Ähnlich wird unten c. 8. a. E. κατὰ σφᾶς αὐτούς διήλθομεν als fehlerhaft getadelt, wiewol man hiefür z. B. Xen. Hell. I. 7. 19 anführen kann, wo σφᾶς αὐτούς von der zweiten Person steht. — λέγειν *imp. inf.* — ὡς ἱκανὸς εἶ.... σολοικίζειν. Hinweisung auf **den Anfang** des Gespräches, welches hiemit einen gewissen Abschluss **erhält.**

c. 5. κἀγὼ μὲν οὕτως sc. ποιῶ. — Σωκρ. ὁ ἀ. **M.** Über ihn s. Prolegomena. — τὰ τοιαῦτα. Was der **Scholiast hier** mit seiner Bemerkung: πόσους παῖδας ἔτεκες eigentlich will, vermag ich nicht zu enträtseln. Unter τὰ τοιαῦτα können doch nur Sprachfehler der genannten Art gemeint sein. Über die Worte ἔλεγεν ἀπεχθῶς s. Proleg. — πηνίκα ἔξωσι; Indirekte Frage. Nach den alten Grammatikern (s. auch Schol. z. Aristoph. Vög. 1498) ist πηνίκα nur von der Tageszeit üblich (τῆς ὥρας δηλωτικόν). Durch die daran geknüpfte, übrigens ziemlich ungeschickte Frage: τίς γὰρ... ἐξιών; deutet Sokrates an, dass der Fragende seine Frage wohl nicht auf den heutigen Tag beziehe und daher statt πηνίκα — πότε hätte sagen sollen. Indess erscheint πηνίκα auch allgemeiner von der Zeit z. B. Demosth. 18.313. Bei Luc. selbst z. B. *Gall. c. 6. Tim.* **4.** S. auch Kock z. Aristoph. Vög. 1514. — ἀποκριθείη. Der Aor. ἀπεκρίθην statt ἀπεκρινάμην erst seit Polybios. — ἱκανὰ ἔχω τὰ πατρῷα. πατρῷος bezeichnet das vom Vater Ererbte, setzt also den Tod des Vaters voraus. Da die Frage des Sokrates: τέθνηκε γὰρ ὁ πατήρ σου; offenbar die Andeutung eines Fehlers enthält, so ist anzunehmen, dass der Andere sagen wollte: *acquiesco in patriae institutis*, in welchem Falle er aber πάτρια hätte sagen sollen. Danach hätte aber auch Luc. selbst *Dial.* **Mort.** 12. c. 3: ἀποστὰς τῶν πατρῴων inkorrekt für πατρίων gesagt. Über den Unterschied von πατρῷος, πάτριος, πατρικός s. Krüger Spr. I. 41. 11. 9. — πατριώτης ἐστί μοι. Der Barbarismus liegt in πατριώτης für πολίτης (Mitbürger). Nach den alten Gramm. und dem Schol. war πατριώτης unter Barbaren, πολίτης unter Griechen üblich. Die Stelle **Plat. Leg.** VI. p. 777 D. wird mit Unrecht gegen diese Vorschrift angeführt. S. dort Stallbaum. — ἐλάνθανες ἄρα: Jetzt erst kommen wir zu der Einsicht. — ὁ δεῖνά ἐστι μεθύσης. Statt μεθύσης, welches nur *genit. fem.* ist, war μέθυσος oder μεθυστής zu sagen. — ἐκλελογχότας antik und jonisch statt ἐξειληχότας. Auffallend ist die Wiederholung derselben Sache unten c. 7 gegen Ende: λέλογχα δὲ τὸ εἴληχα λέγοντος. — διπλασιάζεις hier in gramm. Sinne, wie διπλασιασμός von der Reduplication. — λῆμμα = τὸ λαμβανόμενον (Schol.), während hier λῆμα (Mut, Entschlossenheit) gemeint war. — ὁ μεῖραξ οὑμὸς φίλος. Der Hohn (λοιδορεῖς) liegt darin, dass einem Manne ein weibliches Attribut gegeben wird. Denn μεῖραξ gebrauchen die älteren Attiker ausschliesslich von Weibern oder verweichlichten Männern im Ggs. zu μειράκιον. Vgl. Lobeck zu Phryn. p. 212. — δεδίττομαι καὶ φεύγω. δεδίττομαι (*terreo*) ist statt δέδοικα (*timeo*) unattisch. Die Unsinnigkeit des Gedankens wird durch das Gegentheil anschaulich gemacht: εὐλαβεῖσθαι opp. δεδίττεσθαι, διώκειν opp. φεύγειν. Übrigens kommt δεδίσσομαι = *timeo* bei Homer und Späteren vor. — ὁ κορυφαιότατος. Getadelt wird der Superlativ von κορυφαῖος, das schon an sich den Superlativbegriff enthält. Der Superl. findet sich aber bei Luc. selbst *Quom. hist. s. scr. c. 34. Paras. c. 42*, bei Dion. **Hal.** und Plut. u. hat seine Analogie an πρώτιστος. — χάριεν ironisch. — τῆς κορυφῆς hängt von ἐπάνω ab. — ἐξορμῶ. Beanstandet wird der intrans. Gebrauch, der indessen den Attikern nicht fremd ist. Luc. selbst beachtet seine Vorschrift nicht *Dial. Mort. 12 c. 2*: ἐξορμήσας ἐς τὴν Ἰβηρίαν. Ebda. *27 c. 3*:

πολὺ τῶν ἄλλων προϋπεξορμήσας. — ἐξ ἐπιπολῆς. Der Tadel bezieht sich auf die Hinzufügung der Präposition. Wenn man, um auszudrücken „auf der Oberfläche" sagen könne ἐξ ἐπιπολῆς, so könne **man** mit gleichem Rechte, um auszudrücken „auf dem Fasse" sagen ἐκ τῆς πιθάκνης. Doch hat Luc. selbst ἐξ ἐπιπολῆς; De luctu c. 16. Nigr. c. 35. Ebenso Diodor u. A. — συνετάξατό μοι. In welchem Sinne dies Wort hier gesetzt sei (iniunxit mihi oder composuit mecum) ist nicht zu bestimmen. Nur so viel ist klar, dass es hier als unbestimmt, weil mehrdeutig, getadelt wird, indem es auch *(καὶ — δέ)* und zwar vorzugsweise ein militärischer Ausdruck sei *(ἐπὶ στρατοπέδου διαθέσεως* Schol.). — περιέστην αὐτόν. περιστῆναί τινα ist im Sinne von „umgehen", declinare, cavere gesetzt, wie es Luc. selbst im *Hermot*. a. E. hat: ἐκτραπήσομαι καὶ περιστήσομαι ὥσπερ τοὺς λυττῶντας τῶν κυνῶν. Indem er aber hier an die Grundbedeutung des Wortes anknüpft, macht er den Ausdruck lächerlich, da ein Umstellen durch *eine* Person nicht statt finden könne. Vgl. indess die freilich zweifelhafte Stelle Soph. Elekt. 192: κιναῖς δ'ἀμφίσταμαι τραπέζαις. Ferner vgl. περιέρχεσθαί τινα z. B. *Hermot*. 63 und *circumvenire algm*. Was Sokr. für das beanständete περιέστην wollte? Vielleicht ἐξετράπην, wie an der eben cit. Stelle des *Hermot*. (vgl. auch *Pseudolog. c. 17*.) oder ἐξέστην αὐτόν. Über letzteres s. *Lobeck* zu Soph. Ai. 82. s. auch Fritzche z. *Hermot*. 86. — συνεκρίνετο... διεκρίνετο. Nach den alten Erklärern soll συγκρίνεσθαι hier falsch gebraucht sein als gerichtlicher Terminus für συνδικάζεσθαι. Anknüpfend an die Grundbedeutung *concrescere* macht er den Ausdruck lächerlich durch das Gegentheil διακρίνεσθαι, *dissolvi*.

c. 6. Über σολοικίζοντος Ἀττικῶς s. Proleg. — γοῦν „z. B." — τῶι τοῦτο δοκεῖ... τῶῖν... ἁμαρτάνομεν. Statt τῶῖ war τῶῖν oder vielmehr τῷν zu setzen. Denn sonst könnte man mit gleichem Rechte auch sagen: τῶῖν ἁμαρτάνομεν. Das τῶῖν vor ἐρεῖς steht im Sinne des Akkus., indem das Subjekt von ἁμαρτάνομεν anticipiert ist. — τί τῶν ἐπιχωρίων, eine vaterländische Historie. — τῷ Ἡρακλεῖ μιχθεῖσα, „ἐμίχθη γὰρ ἀνήρ, φαμέν, γυναικί, οὐχὶ γυνὴ ἀνδρί". (Schol.) „Haec tamen differentia non est perpetua". (Graeve). Bei Tragikern allerdings nur von Männern ausser Eur. Ion 350 (ed. Kirchhoff). — καρῆναι...ὡς δέοιτο (wünsche). Gerügt wird der Gebrauch des *pass. aor.* für das *med.* κείρασθαι. Denn nach den alten Gramm. steht κορῆναι ἐπὶ προβάτων καὶ ἀτίμου κουρᾶς (Sklaven), κείρασθαι ἐπὶ ἀνθρώπου καὶ τοῦ κοσμίως. — ζυγομαχεῖν, wie das folgd. zeigt, hier von einer freundschaftlichen oder wissenschaftlichen Disputation gebraucht, während es nur vom Streite mit dem Feinde anzuwenden sei. Doch Demosth. 39.6: περὶ ὀνόματος ζυγομαχεῖν. — βασανίζεσθαι als *vox propria* für Prüfung oder Tortur wird hier im allg. Sinne von „quälen" getadelt. Nach *Thom. Mag.* wäre ἐξετάζεσθαι zu setzen. — ἐπὶ τῷ; zu welchem Zwecke? — προκόπτει. Der Tadel ist unberechtigt. προκόπτεω *proficere* findet sich bei den Attikern oft. Luc. selbst im Hermot. c. 63: ἐγὼ μὲν προὔκοπτον ἐν τοῖς μαθήμασι. *Parasit.* c. 13.: τοὺς ἐν ἐκείναις ταῖς τέχναις προκόπτοντας. Auch in der Bedeutung „förderlich sein" steht es bei Thuk. 4.60. 2. S. dort Krüger. Allerdings wird in jener ersteren Bedeutung ἐπιδιδόναι üblicher sein. — μελετήσει. „οὐ γάρ φασιν (οἱ Ἀττικοί) μελετήσω, ἀλλὰ μελετήσομαι" (Schol.), wonach also hier zu sagen wäre μελετήσεται. Aber die aktive Futurform findet sich nicht selten, z. B. bei Thuk. und grade μελετήσομαι erst bei Spätern. — λέγεις ὅτι. ὅτι wie sonst bei Anführung direkter Rede.

τεθνήξει... ἐπὶ τοῦ τρίτου (von der dritten Person). „τεθνήξεται γὰρ ἐχρῆν λέγειν ἐπὶ τοῦ τρίτου, ἀλλ' οὐ τεθνήξει ἐπὶ τοῦ δευτέρου" (Schol.). Auch hier gilt das Gleiche wie im vorigen Falle: τεθνήξω die Attiker, τεθνήξομαι die Spätern. — βέλτιον..... καταρώμενον. „*Praestaret [praestat] vel hic te non atticissare mortem imprecantem mihi; dicis enim mihi: morieris*". (Graeve). — στοχάζομαι αὐτοῦ für φείδομαι αὐτοῦ. Eine solche Verwechselung scheint rätselhaft. Ich begnüge mich damit Graeve's Bemerkung herzusetzen: „*Hic omnes Graeci magistri tacent. Apud unum Lascarem Const. legitur*: στοχάζομαι, φείδομαι *significat* ἀκριβολογοῦμαι *vel* ἐλεῶ, *praeparcum esse et misereri, quod an hic locum habeat nescio. Ea certe significatione videtur verbum* στοχάζομαι *positum* **esse** *secundi Maccabaeorum cap.* 14: καὶ τῶν ἰδίων πολιτῶν στοχαζόμενος *i. e. parcens vel miseratus vel consulens, ut vertit interpres illic*". Danach scheint στοχάζεσθαι in der hellenistischen Mundart die Bedeutung von φείδεσθαι gehabt zu haben. — ἀφιστᾶν... ἀφιστάνειν statt ἀφιστάναι. τὰ ὄρη μεθιστάνει findet sich in der Bibel, also gilt hier wohl das Gleiche wie bei στοχάζεσθαι. — πλὴν εἰ μή. Getadelt wird der Pleonasmus, da sowol πλὴν εἰ als auch εἰ μή allein genügen würde. Indess ist dieser Pleonasmus bei Attikern häufig, und auch Luc. hat ihn oft z. B. *Dial. mort.* 24 c. 2: πλὴν εἰ μὴ τοῦτο φῇς. Ebenso ἐκτὸς εἰ μή, χωρὶς εἰ μή. Vgl. *nisi si*. — ταῦτα „hier". — διπλᾶ mit Bezug auf die genannte Dittologie. — χρᾶσθαι jonisch für χρῆσθαι, *uti* oder *oraculum consulere*. — ἐκ τότε (seit damals) wird verworfen statt ἐξ ἐκείνου, ἀπ' ἐκείνου. Jenes findet sich nicht blos in der Bibel, sondern auch sonst bei Spätern z. B. Arr. Anab. I. 26. 4. Luc. selbst *Asin.* c. 45 g. E: κἀκ τότε. Über εἰς τότε bei Platon, Demosth. u. A. s. Krüger Spr. I. 66. 1. 4. ἐκπέρυσι scheint gar nicht vorzukommen. — καλόν ironisch wie oben c. 5 χάριν. Sinn: Die Berufung auf Platon's εἰς τότε gestattet noch nicht zu sagen ἐκ τότε, ebenso wenig wie ἐκπέρυσι. — ἰδού... ἰδέ. Jenes ist Interjektion (*ecce*), dies Imperativ (*vide*). Mit ἰδού ist nicht zu verwechseln ἰδοῦ, welches nach Thom. Mag. di Attiker für ἰδέ gebrauchten. — ἕτερα ἀνθ' ἑτέρων σημαίνεις, du verwechselst die Begriffe. — ἀντιλαμβάνομαι „erfassen, ergreifen" im materiellen Sinne wird getadelt statt συνίημι *intelligere*. Spätere gebrauchen jenes so z. B. Josephus. Zu Soph. Aias 16:

c. 7.

ξυναρπάζω φρενί bemerkt der Scholiast· ἤτοι ὀξέως συνίημι καὶ ἀντιλαμβάνομαι. — θαυμάζειν... ἀντιποιεῖσθαι. Auch hier kann man sagen· „Hic omnes Graeci magistri tacent" und nicht nur diese. Die schwer verderbten Worte entziehen sich jedem Verständnisse. — βράδιον... τάχιον; So ist zu interpungieren: „Ist βράδιον nicht ebenso (fehlerhaft) wie τάχιον?" Bei einem Punkte würde gesagt, dass τάχιον attisch sei, βράδιον aber nicht. Nun ist aber keines von beiden attisch, sondern nur βραδύτερον und θᾶσσον (θᾶττον). Man müsste denn die Worte ironisch fassen, wie Graeve thut „scilicet non est simile", was aber wohl nicht angeht. — βαρεῖν „belasten" soll nicht gebraucht werden für βαρύνειν. Der Tadel nicht gegründet. Luc. selbst Dial. Mort. 10. c. 4: βαρήσει. Action c. 5. βαροῖτο. — ὡς νενόμικας: non est ita vitiosum ut putasti. Der Ausdruck ähnlich wie oben οὐκ ἔστιν ὅμοιον τῷ τάχιον; — ἔλλογχα... εἴληχα. Auffallende Wiederholung nach c. 5, wo bereits ἐκλέλογχα verworfen wurde. Die Worte ὀλίγοι... καὶ παρ' οἷς ἁμαρτάνεται sind natürlich korrupt und die Stelle wahrscheinlich lückenhaft. Sonst könnte man vermuten etwa: ὀλίγοι mit Streichung das folgd. καί: „Wenige gibt es, bei denen dieser Fehler vorkommt". — ἵπτασθαι für πέτεσθαι. Ebenso wird jenes, das in der neueren Gräcität häufig ist, verworfen im Lexiph. c. 25. Doch Luc. selbst Dial. Deor. 20 c. 5: καθιπτάμενοι. Ebda. c. 6: συμπαριπτάμην. Amor c. 6: διιπτάμεθα. Catapl. c. 2: ἀνίπταται. — ὅτι μὲν... ἴσμεν. Frostig: Weil das Wort von π(ε)τῆσις komme, müsse man πέτομαι sagen. — περιστερός (Täuber) soll ebenso unrichtig sein wie φάττος (Ringeltäuber). Er verlangt also περιστερά und φάττα als commune. Aber Athen. IX. p. 395 B berichtet: Ἀττικοὶ δὲ ἀρσενικῶς περιστερὸν καλοῦσιν. Die Form φάττος kommt allerdings nirgends vor. — ὡς δὴ Ἀττικόν, als angeblich Attisch. — φακόν, φακός, welches im Sing. das einzelne, ungekochte Linsenkorn (oder auch einen Kochtopf) bezeichnet, wird hier im Sinne von „Linsengericht" verworfen, wofür φακούς (wie Hermot c. 61) oder φακῆν (wie Epist. Satur. c. 23) zu sagen war. — ταῦτα μὲν τὰ Σωκράτεια. Ebenso abschliessend und überleitend wie c. 5: κἀγὼ μὲν οὕτως.

c. 8. ἐπὶ τὴν ἅμιλλαν τῶν προτέρων λόγων. Anschluss an c. 4. a. E.: „zu dem früheren Wortgefechte, Disput". — καλῶ, citabo. — τοὺς βελτίστους εἶναι ὅλους. Diese Worte, die den baaren Unsinn enthalten, werden in den Ausgaben ohne irgend eine Bemerkung ruhig übersetzt: „citabo optimos, ut sint universi" oder „citabo ea, quae optima videntur esse tota". Was sich nur die Übersetzer dabei gedacht haben mögen. Der Sinn scheint zu sein: Die besten d. h. augenfälligsten Schnitzer (σολοικισμούς) will ich citieren d. h. begehen. Etwa ἱέναι ὁμόσε? — κἂν νῦν, nunc certe. Über diesen bei Luc. (z. B. Tim. c. 20. Gall. c. 16. Rhet. praec. c. 9) und überhaupt bei späteren Schriftstellern nicht seltenen Gebrauch (eigtl. = κἂν νῦν ᾖ) s. Kühner Ausf. Gramm. II. p. 171. 3. — δυνήσεσθαι sc. γνωρίσαι. — τοσούτων, die im Vorhergehenden angeführten Beispiele. —

ἴσως μὲν οὐδὲ νῦν δυνήσομαι. Der Pseudosophist wird etwas kleinlaut. — ἀνέῳγε. ἀνέῳγα „habe geöffnet", gewöhnlich „stehe offen", aber erst seit Aristot., die Früheren sagten dafür ἀνέῳγμαι. Luc. selbst hat ἀνέῳγα in passiv. Bedeutung *Navig.* c. 4 a. E., *Gall.* c. 6. 30. 32., *Anach.* c. 29., *Dial. Mort.* 4. c. 1. — τί πεισόμεθα. Gemütliche Ironie: „Was soll aus uns werden?" — τὰ κατ' ἀρχὰς ῥηθέντα ὑπὸ σοῦ, nämlich in der Einleitung des Gespräches c. 1. Nach deinen dortigen Äusserungen, meint Lyk., glaubte ich dir eine leichte Aufgabe zu stellen. — ἱππεῖς ἐς πεδίον καλεῖν. Sprichwörtlicher Ausdruck für eine leichte Aufgabe, insofern in der Ebene der Kampf für die Reiterei am leichtesten ist. „*Usurpatur autem proverbium, quoties quis ad id provocatur, in quo plurimum valet quoque vel maxime gaudet*". Stallbaum zu *Plat. Theaet.* p. 183 D: ἱππέας ἐς πεδίον καλεῖν, wo der Schol. beides, ἱππέας und ἵππον, für sprachrichtig erklärt. (Letzteres hat Luc. *Pisc.* c. 9: ἐς πεδίον τὸν ἵππον). Es liegt also der Fehler nicht in ἱππεῖς statt ἵππον, wie der Schol. zu unserer Stelle meint, sondern in der Form ἱππεῖς statt ἱππέας. Aber es findet sich die contrahierte Form des Akkus. nicht gar so selten bei den besten Attikern, nur bei Thuk. sehr selten. Luc. selbst hat die contrahierte Form z. B. *Navig* c. 46: βασιλεῖς. — κατὰ σφᾶς αὐτούς für καθ' ἡμᾶς αὐτούς. Siehe oben zu c. 5: τῶν ἑαυτῶν.

πάνυ γοῦν ἄδηλον, ironisch. — πλὴν γε ὁ. Da πλὴν γε bei Luc. nie c. 9. unmittelbar neben einander stehen, sondern stets durch ein Wort getrennt seien, so vermutet Sommerbrodt *Lucianea* p. 109. πλὴν ὅ γε Ἀ. Vgl. denselben zu *Char.* c. 11. — Ἀπόλλων. Nur dieser kann dir helfen; denn er gibt Bescheide. — μαντεύεται. „χρᾷ μὲν ὁ Ἀπόλλων, μαντεύεται δὲ ὁ προσιών" (Schol.). Aber auch bei den besten Attikern bedeutet μαντεύεσθαι nicht nur *petere* oraculum, sondern auch *edere* oraculum. Luc. selbst hat es in dem hier getadelten Sinne ziemlich oft. — τὸν μαντευόμενον doppeldeutig: „Du verstehst Apollos Bescheide nicht, bist also ein *homo stupidus*" und „du hast jetzt eben den (falschen) Gebrauch von μαντεύεσθαι nicht bemerkt". — εἰ ἄρα καθ' εἷς λανθάνει σε περιών. Wenn εἰ richtig und nicht vielmehr die Fragepartikel ἦ zu lesen ist, dann muss εἰ ἄρα bedeuten *si quidem*, also der Satz zum Vorhergehenden begründend stehen, somit statt des Fragezeichens hinter περιών ein Punkt gesetzt werden. So fasste die Stelle auch Graeve: „*nam singuli, qui circa te oberrant, a me tibi obiciuntur soloecismi te fugiunt, a te non animadvertuntur*". (Seltsam schrieben ältere Herausgeber καθείς von καθίημι). Der Fehler liegt in καθ' εἷς, wofür die Attiker καθ' ἕνα sagten. Vgl. c. 10: καθ' ἕκαστον. Jenes καθ' εἷς kommt in der biblischen Sprache vor. Auf den in καθ' εἷς (oder vielmehr καθ' ἕνα) liegenden kollektiven Begriff bezieht der Pseudosophist in seiner Antwort den Plural ἐοίκασι. Den Fehler in καθ' εἷς merkt er nicht. — ὁ καθ' εἷς sc. σολοικισμός. — παρῆλθεν wie oben c. 3 παρῆξεν. — μνηστευόμενον αὐτῷ γάμον. Komisch ausgedrückt für: der den Ausdruck gebraucht *μν. ά. γ.* Der Pseudosophist ist **auch** wirklich so naiv die That selbst zu verstehen. Ebenso im Folgenden. Bezüglich des Ausdrucks bemerkt der **Schol.**: *μνᾶται μὲν γὰρ ἀνὴρ γυναῖκα, μνηστεύεται δὲ γυνή.* Aber **der Unterschied** ist nicht so fest abgegrenzt. **Luc.** selbst hat *μνηστεύεσθαι* **vom Manne** z. B. ***Toxar***. *c. 44* zweimal. Das aktive *μνηστεύειν αὐτῷ γάμον* **findet sich bei Platon**, Eurip., Isokr. — *τί οὖν τοῦτο; ὅτι κτλ.* und ebenso bald darauf. *ὅτι* erklärt das *τί*. — *ὁ φάσκων εἰδέναι*, der aber in Wahrheit ein *ἀγνοῶν* ist (c. 9 a. A.). — *παριλθών* kann nicht heissen *in transitu*, **wie es die** *Bipontina* übersetzt, vielmehr *accedens*. — *ἀπολίποι τὴν γυναῖκα.* „*ἀπολείπει μὲν γὰρ γυνὴ τὸν ἄνδρα, ἀνὴρ δὲ γυναῖκα οὔκ, ἀλλ' ἐκβάλλει*". (Schol.). Gegen diese Vorschrift verstösst aber Luc. selbst *Dial. Deor. 5. c. 2. Bis accus. c. 29.* — *ἆρ' ἂν ἐπιτρέποις αὐτῷ;* Doppelsinnig: Lyk. meint den Sprachfehler, der Andere versteht die That. — *ψοφοίη τὴν θύραν ἐσιὼν ἢ ἐξιὼν κόπτοι*. Die Thüren der Alten wurden nicht **nach** innen, sondern nach der Strasse zu geöffnet. Aber die Angabe der alten Grammatiker, dass man beim Hinausgehen an die Thür schlug, um die draussen Stehenden vor einem Anstoss zu warnen, und dass dies *ψοφεῖν* hiess, scheint eine reine Erfindung zu sein. Vgl. vielmehr die überzeugende Darlegung bei **Becker Charikles I. S. 90 ff.** (herausg. von Göll), wonach *ψοφεῖν* nur das **G e räusch der Thür** beim Hinaustreten bezeichnet (*crepat ostium*), Siehe Aristoph. Ritt. 1326. Beim Eintreten klopfte man an die Thür, damit diese geöffnet werde. Dies hiess *κόπτειν* oder *κρούειν τὴν θύραν* (*pulsare ostium*). — *πεπονθέναι*, Eindruck empfinden, denken. Ebenso gleich darauf *οὐδὲν ὅλως* *πεπονθέναι*. **Etwas anders oben** c. 8. *τί οὖν πεισόμεθα; ἐκεῖνον... ἐξιέναι.* Der Pseudosophist macht also zwischen den beiden Ausdrücken keinen Unterschied. — *ἀπαίδευτον ὄντα.* Das Particip causal.'— *ὑβριστὴς ἐγώ;* So ist zu interpungieren, also die Worte nicht mit dem Folgd. zu verbinden. — *νῦν δὴ γενήσομαι* sc. *ὑβριστής*. Insofern **er ihn** im Folgd. über den Gebrauch von *ὑβρίζειν* aufklären will, sagt er scherzhaft *ὑβριστὴς γενήσομαι*. — *νῦν δή.* Da dies so viel **bedeute** wie *ἄρτι* (Schol. zu Aristoph. Frieden 5: *νῦν δὴ οὕτως 'Αττικοὶ ἀντὶ τοῦ ἀρτίως*), könne es nicht *cum fut*., sondern nur *cum praes*. oder *praet*. verbunden werden (s. oben zu c. 1: *ἄρτι δὲ σολοικιῶ*). Über *νῦν δή* = jetzt doch endlich oder sicherlich *cum fut*. s. Krüger **zu Thuk. 6. 24. 2.** — *σολοικίσαι.* Wenn nicht *σεσολοικίσθαι* zu lesen ist, **so haben** wir eine sonderbare Personifikation des Ausdrucks *τὸ νῦν δὴ γενήσομαι*.

c. 10. *ἐπέλθοις, percurras = exponas*. — *ὅσα* hängt von *σολοικίσας* ab. — *μηδαμῶς* Negation der Ablehnung. — *καθ' ἕκαστον*, dem Sinne nach appositiv zu *περὶ τούτων.* — *μὴ δασέως, ἀλλὰ ψιλῶς*, nicht mit dem *spir. asper*, sondern mit dem *lenis*. — *ἐξενεγκεῖν* hängt noch von *ἐπέλθωμεν* ab, woraus ein *λέγωμεν* „feststellen, erklären" zu denken ist. Die Konstruktion ist hart. — *ὀρθῶς*... *συντιθέμενον*, ein offenbares Interpretament, da die vorangehende Erklärung deutlich genug ist. — μὴ γὰρ οὕτως. μή deutet auf eine Bedingung hin. Aus ἐξενεγκεῖν ist ἐξενεχθέν zu ergänzen: wenn man es nicht so aussprüche, sondern ἄττα. — τὸ τῆς ὕβρεως, was den Vorwurf der ὕβρις betrifft. (c. 9 g. E.). — μὲ (Subj.) φὴς ὑβρίσαι. Hinter ὑβρίσαι ist offenbar wegen des Gegens. zu εἰς σέ mit Gesner σέ (als Objekt) einzusetzen. — φαίην ἴδιον, loquar proprie. Doch wohl φαίην ἂν ἴδιον, wie ἄν häufig in den Hds. irrtümlich fehlt. — οὐκ ἔχω εἰπεῖν, non intelligo. — ὅτι τὸ μὲν κτλ. ὅτι gibt den Grund von φαίην ἴδιον an. Er will den Unterschied von ὑβρίζειν τινά und εἴς τινα klar machen. Das erstere beziehe sich direkt auf die Person, das letztere auf etwas der Person Gehöriges. Hier also, wo er gegen die Sprachfehler des Anderen, nicht gegen dessen Person loszieht, sei εἴς τινα der korrekte Ausdruck „Id tamen discrimen non perpetuum est nec semper verum". Steph. Thes. s. v. — καὶ ὅστις γε steigernd: atque etiam. — πλήν überdies, sogar. Über diesen Gebrauch s. Sommerbrodt zu Quom. hist. s. scr. c. 58. — λθλεκται, liegt also in den Werken der Schriftsteller vor. — ὁ Πλάτων... ἐν Συμποσίῳ. Die Stelle ist p. 174 B: Ὅμηρος μὲν γὰρ κινδυνεύει οὐ μόνον διαφθεῖραι, ἀλλὰ καὶ ὑβρίσαι εἰς τὴν πυροιμίαν. vgl. Luc. Bis accus. c. 28 a. E: ἐς ἐκεῖνον (τὸν Διάλογον) ὑβρίζειν. — τὸ διάφορον. Unten c. 12: διαφοράν, c. 11: διάφορον. — ἀλλὰ νῦν εἴσομαι: nunc certe (a te monitus) sciam. — ὑπαλλάττειν., ἐναλλάττειν. Der Unterschied ist, wenn ich die Begründung mit εἴπερ richtig verstehe, dieser: ὑπαλλάττειν (τὸ μέν) heisst Eines für das Andere setzen, das Falsche für das Richtige, also „verwechseln", ἐναλλάττειν (τὸ δέ) heisst „umändern", aus dem, was da ist, Etwas machen, was (bisher) nicht da ist. Der Pseudosophist aber, indem er aus Unkenntnis dem ὀρθόν (rectum) das κύριον (proprium) substituirt, versteht ὑπαλλάττειν vom Gebrauche des uneigentlichen Ausdrucks für den eigentlichen, also von der Metapher, und ἐναλλάττειν von dem abwechselnden Gebrauche des eigentlichen Ausdrucks und der Metapher. Ist dies nun auch gegen des Lyk. Sinn, so geht dieser doch, da wenigstens das über ὑπαλλάττειν Gesagte nicht grade unsinnig ist, darüber kurz mit der Bemerkung hinweg, dass sich dies auch so (καὶ ταῦτα) in gewissem Sinne (τινὰ κατανόησιν) hören lasse. (Zur Sache vgl. über die rhetor. Figur ὑπαλλαγή Cic. Orat. 27. Quint. VIII. 6. 23. Arist. Rhet. III. 2.). Der von Lyk. aufgestellte Unterschied wird schwerlich ein durchgreifender sein, wie denn auch er selbst c. 11 παραλλάττειν dem ὑπαλλάττειν substituirt. — τὸ μὲν ἑτέρου πρὸς ἕτερον γίγνεται. Genit. bei γίγνεσθαι, eigtl.: ὑπαλλάττειν kommt zu — dem Einen im Verhältnis zum Andern, bezeichnet das Verhältnis des Einen zum Andern d. h. die Verwechselung. — τὸ δέ, Übergang zu etwas Anderem. — σπουδάζειν πρός τινα und περί τινα. Jenes soll bezeichnen das Interesse dessen, der sich bemüht (appetere alqm), dieses das Interesse dessen, um den sich einer bemüht (studere alicui). Das letztere (= colere alqm) sehr häufig, πρός τινα z. B. Xen. Cyr.

I. 3. 10. — mit Jmd. wichtige Geschäfte haben, *Plat. Gorg.* p. *510 C.* Aber Moschopulos gibt den Unterschied, ziemlich umgekehrt an. — ὑποσυγχέχυνται, *confusa sunt*, nämlich bei manchen Schriftstellern. — ἑκάστῳ ist *masc.*

c. 11. ὅτι διενήνοχε. Unrichtig die *Bipontina: quid differant.* ὅτι, nicht ὅ τι ist zu lesen, wie sich aus dem Folg. διαφέρειν φημί ergibt. Zuerst ist die Rede davon, *dass* ein Unterschied stattfindet, dann davon, *worin* derselbe besteht: καὶ τῷ ποτ᾽ ἂν εἴη διαφέρον; und weiter: ἆρά σοι δοκεῖ μικρῷ τινι διαφέρειν. — καθίσθητι. Über die Sache s. Proleg. Was die Form betrifft, so haben erst Spätere einen Aor. ἐκαθίσθην. Zweifelhaft ist ἱσθῶ bei Soph. *Oed. Col. 195*, wo Manche ἱστῶ schreiben. — κάθισον und κάθησο. Jenes heisst: setze dich, *asside*, dieses: bleibe sitzen, μένε καθεζόμενος, *sede.* Doch nicht immer. So z. B. kann κάθησθε bei Aristoph. Ekkles. 57 nur bedeuten: setzet euch. Ebenso *Luc. Bis acc. 9.* (Seltsam ist, dass zuerst vom *Imperat.* κάθισον, dann vom Verb καθίζειν überhaupt gesprochen wird). — ἧσ᾽ ὦ ξεῖνε κτλ. Odyss. π. 44. — πάλιν mit Bezug auf c. 10: τὸ ταῦτα ὑπαλλάττειν σολοικίζειν (ἁμαρτάνειν) καλοῦσιν. — καθίζω und καθίζομαι. Dieses heisst „sich setzen", καθίζω *auch* (καί) einen andern setzen lassen oder heissen". Also hat καθίζω, was auch wirklich der Fall ist und sich also auch auf den obigen Imperativ bezieht, beide Bedeutungen. Vgl. über καθίζω *intrans.* z. B. Krüger zu Thuk. 4. 93. 1. —

c. 12. καὶ δὴ λέγε „und fahre so fort". — Über προδιδάσκειν „durch Unterricht fördern" s. die Erklärer zu Aristoph. Wolk. 476. — οὐκ οἶσθα. Dass vor diesen Worten eine Lücke ist, zeigt die Antwort des Σολοικιστής. Denn von dem Worte ξυγγραφεύς war nirgends die Rede. Wie es scheint, sollte hier der Unterschied von ἱστοριογράφος und ξυγγραφεύς erörtert werden. Jenes bezeichnet nach Ammonios einen, der *vor* ihm Geschehenes beschreibt, wie Herodot, dies den Verfasser einer *Zeitgeschichte*, wie Thukydides, der κατ᾽ ἐξοχήν — ὁ ξυγγραφεύς heisst. (Vgl. dagegen die Bezeichnung der Taciteischen Geschichtswerke als *Annalen*, Vorgeschichte, und *Historien*, Zeitgeschichte). Doch werden ohne Beachtung dieses Unterschiedes Herodot und Thukyd. οἱ ἄριστοι τῶν συγγραφέων genannt *Quom. hist. s. scr. c.* 54. Ebenso συγγραφεύς = *rerum scriptor* schlechthin *Adv. ind. c. 18. Pseudolog. c. 15.* — ἐπεὶ καί. Nicht deutlich genug vermittelte Begründung, die vielleicht in der Lückenhaftigkeit der Stelle ihren Grund hat. Doch steht in ähnlich lockerer Verbindung ἐπεὶ καί z. B. *Plat. Apol.* p. *20 A*: ἐπεὶ καὶ ἄλλος ἀνήρ ἐστι Πάριος ἐνθάδε. — καταδουλοῦν und καταδουλοῦσθαι. Jenes heisst: Etwas einem Andern unterwerfen, dieses Etwas sich unterwerfen (*med. d. Interesses*). Soll dieser Unterschied hier richtig angegeben sein, so muss im Folgd. vor δ᾽ ἑαυτῷ mit Hemsterhuys und Dindorf τὸ eingeschoben werden. καταδουλοῦν τινί τι z. B. Isokr. Euag. p. 192 E: τὴν νῆσον ὅλην βασιλεῖ τῷ μεγάλῳ κατεδούλωσεν.

PHYSIKALISCHE KLEINIGKEITEN

Mitgetheilt von

Prof. A. ŠANTEL.

Die mit der Ertheilung desp hysikalischen Unterrichtes verbundene beständige Manipulation mit physikalischen Apparaten bietet gar manche Anregung und günstige Gelegenheit, um ausser der obligaten Vorbereituug der Schulversuche sich auch mit Originalversuchen zu beschäftigen. Erhält man doch auf so manche eben in den Sinn kommende Frage auf empirischem Wege die rascheste und bestimmteste Antwort. Und ist einmal für einen anzustellenden Versuch ein passender Apparat nicht vorhanden, so gibt es doch Materialien und Werkzeuge, welche die Herstellung eines zweckentsprechend combinierten Nothapparates ermöglichen. Wenn nun auch die Resultate solcher Versuche nicht immer von einer Wichtigkeit sind, welche sie einer Publication werth erscheinen liesse, so verdienen sie doch häufig, der Gefahr des Vergessens entrissen zu werden. Ich habe aus diesem Grunde schon vor Jahren eine Art Tagebuch angelegt, in welches jede mir einigermassen wichtig erscheinende neue Erfahrung sofort eingetragen wird. Aus den daselbst gesammelten Notizen habe ich nun, nach Massgabe des hier zur Verfügung stehenden Raumes, einige Einzelnheiten entnommen, um sie in zwangloser Anordnung Fachkollegen und sonstigen Freunden der Physik mitzutheilen; nicht als epochemachende Neuerungen, wohl aber als nach meiner Meinung einiges Interesse verdienende — physikalische Kleinigkeiten.

I. Ein leicht herstellbarer Apparat zur Luftverdünnung mittelst Quecksilbers.

Der Umstand, dass die prachtvollen Erscheinungen, welche elektrische Entladungen im luftverdünnten Raume hervorrufen, einen hohen Verdünnungsgrad zur Voraussetzung haben, macht es dem Fachlehrer für Physik höchst wünschenswert, eine Quecksilber-Luftpumpe zur Verfügung zu haben. Denn abgesehen davon, dass die Ventil-Luftpumpen des schädlichen Raumes wegen nur eine begränzte Verdünnung ermöglichen, bleiben dieselben nie lange auf der Höhe ihrer grössten Leistungsfähigkeit, erfordern vielmehr sehr bald mehr oder weniger zeitraubende und mühevolle Reparaturen. Der Wunsch jedoch, eine Queksilber-Luftpumpe zu besitzen, führt nicht so bald zum Entschlusse eine solche auch anzuschaffen, weil mancherlei Bedenken dagegen sich erheben. Die Quecksilber-Luftpumpe ist nämlich vor Allem eine kunstvolle Glasbläserarbeit, als solche höchst gebrechlich und theuer; hat sie den Transport glücklich überstanden, und unterliegt sie auch einer noch so vorsichtigen Behandlung, so kann sie doch, wie Thatsachen beweisen, eins Tages zersprungen gefunden werden, ohne nur berührt worden zu sein; namentlich dickwandiges Glas inkliniert ja so sehr zum spontanen Zerspringen. Überdies macht die grosse Quecksilbermenge, welche diese Pumpen erfordern, die Manipulation mit denselben kostspielig und höchst schwerfällig. Da aber der kleinste Sprung im Glase wegen der Unmöglichkeit, ihn wieder zu beseitigen, einer völligen Zerstörung des Apparates gleichwertig ist, so ist die gewöhnliche Benützung desselben geradezu unheimlich. Diese Erwägungen waren die Ursache, dass eine Mittheilung, die ich vor einigen Jahren in einem physikalischen Fachblatte antraf, meine Aufmerksamkeit in hohem Grade erregte. Der Inhalt jener Mittheilung war, dass es gelungen sei, mit Anwendung von in einer Vertikalröhre herabfliessendem Quecksilber jenen Grad der Luftverdünnung zu erreichen, bei welchem der elektrische Funke auch auf kurze Distanz nicht mehr überspringt.

Dieses sogenannte hydrodynamische Prinzip der Luftverdünnung mittelst Quecksilbers erweckte in mir die Hoffnung, dass man ohne wesentliche Einbusse an Leistung sich von der Notwendigkeit, die ganze Pumpe aus einem Stück Glases bestehen zu lassen, werde emancipieren können.

Was nun dieses hydrodynamische Prinzip betrifft, so sei hier zum Verständnisse desselben an das Gesetz des freien Falles erinnert. Fällt nämlich ein Flüssigkeitsstrahl aus der Bodenöffnung eines Gefässes vertikal herab, so befolgen die Flüssigkeitstheilchen das Fallgesetz, d. h. sie führen eine gleichförmig beschleunigte Bewegung aus. Dadurch verdünnt sich der Strahl nach abwärts immer mehr und löst sich sodann in einzelne Tropfen auf, welche wieder je tiefer, in desto grösseren Distanzen von einander sich befinden. Die Tendenz zum Dünnerwerden und zum Zerreissen gestaltet sich aber bei der durch eine vertikale Röhre fallenden Flüssigkeit zu einer Tendenz, luftleere Räume in der Röhre zu erzeugen, oder um den richtigen wissenschaftlichen Terminus zu gebrauchen: Der Druck dieser Flüssigkeit gegen die Röhrenwand ist ein negativer, so dass durch eine in die Wand gebohrte Öffnung nicht Flüssigkeit nach Aussen, sondern von Aussen Luft nach Innen dringt. Diese Luft leistet eben jener oberwähnten Tendenz Genüge, indem nun die Flüssigkeitssäule wirklich zerreissen kann, um von Lufträumen unterbrochen, das Fallen in der Röhre fortzusetzen. Die zwischen den Flüssigkeitstheilen enthaltene Luft wird nun mit einer bei grosser Fällhöhe sehr bedeutenden Kraft durch die Röhre befördert, und so erscheint die in der Vertikalröhre fallende Flüssigkeit für zweierlei Anwendung gleich geeignet: Erstens, um Luft aus einem geschlossenen Gefässe zu saugen, und zweitens, um dieselbe in ein Gefäss hinein zu treiben. Im ersten Falle muss aus dem Recipienten eine Röhre in das innere der Flüssigkeitssäule führen, und darin möglichst nahe dem oberen Röhrenende münden; im zweiten muss sich die fallende Flüssigkeit selbst in ein geschlossenes Gefäss ergiessen, in welchem sich natürlich die Flüssigkeit zu unterst, die mit derselben ankommende Luft darüber ansammelt. Ist hiebei für einen constanten Abfluss der Flüssigkeit und Luft aus dem genannten Gefässe gesorgt, wobei z. B. die sich ansammelnde Luft mittelst einer Röhre zu einem Schmiedefeuer geführt wird, so haben wir ein so genanntes Wassertrommelgebläse vor uns.

Handelt es sich, wie bei dem hiernächst zu beschreibenden Apparate, um eine luftsaugende Wirkung der fallenden Flüssigkeitssäule, so wäre zunächst an die Anbringung einer Röhre zu denken, welche sich einerseits an den Recipienten, anderseits an eine Seitenöffnung der Vertikalröhre luftdicht anschliesst. Handelt es sich ferner um die Erzeugung einer dem Torricelli'schen Vacuum nahekommenden Luftverdünnung, so müssten die beiden in Rede stehenden Röhren aus Glas bestehen und an einander geschmolzen sein. Wäre letzteres unvermeidlich, so befänden wir uns hinsichtlich der leichten Herstellbarkeit und Reparaturfähigkeit des Apparates auf dem Standpunkte der hydrostatischen Quecksilber-Luftpumpen von Töpler und Geissler. Allein schon die Flüssigkeit selbst deutet uns durch ihr Verhalten einen vortheilhafteren Weg an. Wir bemerken nämlich in dem Gefässe, aus welchem die Flüssigkeit durch die im Boden eingefügte Röhre abfliest, je nach der Höhe des Flüssigkeitsstandes entweder ein Grübchen gerade über der Röhre oder eine trichterartige, in die Röhre hinabreichende Höhlung, durch welche sich die Luft selbst den Weg zu der Stelle des negativen Druckes gebahnt hat. Stecken wir daher von oben eine Röhre durch die Flüssigkeit bis ins Innere der Röhre, so wird die Luft ihren Weg durch diese nehmen, und wir sind des luftdichten Zusammenfügens, beziehungsweise Zusammenschmelzens der Abfluss- und der Saugröhre überhoben.

Es entsteht nun die Frage: Wenn die von oben in die Abflussröhre hineinragende pneumatische Röhre mit ihrem anderen Ende vollkommen luftdicht in die Offnung eines als Recipient dienenden Glasgefässes eingefügt ist, welchen Verdünnungsgrad können wir in diesem Recipienten unter gegebenen Bedingungen erzielen, und welche Bedingungen müssen weiter erfüllt werden, damit die Verdünnung eine unbegränzte sei?

Die Beantwortung dieser Frage wird durch den Umstand erleichtert, dass wir jenen Fall bei Seite lassen können, wo die Fallröhre einen so grossen Durchmesser hat, das darin Luftblasen, wenn die Flüssigkeit ruht, ungehindert aufsteigen können. Es genügt, nur zu bemerken, dass die Geschwindigkeit des Fallens der Flüssigkeit grösser sein muss, als die des Aufsteigens der Luftblasen, wenn letztere überhaupt von der Flussigkeit mitgerissen werden sollen. Diese grosse Geschwindigkeit, vereinigt mit der vorausgesetzen grossen Röhrenweite erfordert ein so colossales Quantum Flüssigkeit, dass man ausserordentliche Mittel anwenden müsste um namentlich Quecksilber immer wieder ins ursprüngliche Gefäss zurük zu befördern, und damit würde das hydrodynamische Princip der Luftverdünnung seine Bedeutung grossentheils einbüssen, zumal in einem Falle wie es der meinige ist, wo leichte Herstellbarkeit und leichte Manupulation die vorgesteckten Ziele sind.

Ist aber die Röhre, in welcher die Flüssigkeit fällt (ich nenne sie der Kürze halber in der Folge die „Fallröhre"), nur wenige Millimeter weit, so gibt es in der darin ruhenden Flüssigkeit kein Aufsteigen von Luftblasen mehr, sondern, wenn überhaupt Luft und Flüssigkeit zugleich in der Röhre vorhanden sind, so sieht man die Flüssigkeitssäule zerstükt, und die Säulenstücke der Flüssigkeit und der Luft schieben sich bei jeder Bewegung gegenseitig fort. Ist nun b jene Höhe der Flüssigkeit, welche vom Athmosfärendrucke getragen wird, und e die in Einheiten derselben Art ausgedrückte Spannkraft der Luft im Recipienten, ist ferner aus dem Reservoir so viel Flüssigkeit in die Fallröhre gedrungen, dass eine Säule von der Länge h_1 sich gebildet hat:

so wirken am unteren Ende dieser Säule die Kräfte: b von unten und $h_1 + e$ von oben. Da nun ursprünglich $c = b$ ist, so ist auch $b < h_1 + e$, und die Säule bewegt sich daher abwärts, wobei sie wie ein Pumpenkolben die Luft hintersich, wenn auch unbedeutend, verdünnt. Zu dieser Verdünnung trägt der Umstand bei, dass der Zufluss aus dem Reservoir durch die hereinragende Saugröhre gehemmt ist, und daher mit der fallenden Säule nicht gleichen Schritt halten kann; so muss die Säule abreissen und Luft nachsaugen. Mittlerweile bildet sich eine neue Säule h_2 über der ersten, und an die Stelle der obigen Ungleichung tritt nun folgende: $b < h_1 + h_2 + e_1$ und da noch immer e_1 fast gleich b ist, so ist die Bewegung um so rascher; in Folge dieser Bewegung strömmt immer wieder, abwechselnd mit Luft, und daher getrennte Säulchen $h_3 h_4 \ldots h_n$ bildend, Flüssigkeit nach. Ist nun $h_1 + h_2 + \ldots + h_n > b$ geworden, so ist die Bewegung nach abwärts gesichert, wenn auch $e = o$ geworden sein sollte, d. h. die Verdünnung, der Luft im Recipienten ist unbegränzt.

Es leuchtet sofort ein, dass wir um dieses Ziel zu erreichen, keine andere Flüssigkeit als Quecksilber nehmen dürfen; denn erstens ist b bei Wasser gleich ungefähr 10m, und die Fallröhre müsste wegen der Unterbrechungen der Säule 16—20m Länge haben, und andere Flüssigkeiten sind nur wenig dichter; zweitens sind andere Flüssigkeiten in höherem Grade als Quecksilber der Verdunstung unterworfen, würden daher statt eines Vacuums eine Dampfathmosphäre erzeugen. Da aber für Quecksilber $b = 76$cm ist, so ist eine Röhre von etwa 150cm genügend lang, und sollte es in irgend einem Falle wünschenswert erscheinen, so kann sie noch bedeutend kürzer genommen werden. Denn ist e kleiner geworden, so verkleinern sich auch die Lufträume in der Fallröhre nach unten zu immer mehr. Es rücken dadurch die Quecksilbersäulen immer näher an einander, und die Gesammtheit jener Säulchen, deren Summe 76cm beträgt, nimmt ein nur unbedeutend längereres Stück der Röhre ein. Eine grössere Länge der Fallröhre ermöglicht jedoch eine raschere Bewegung der Flüssigkeit, und hiedurch wird die Dauer des Verdünnungsprocesses in wohlthuender Weise abgekürzt.

Mein erster Versuch, bei dem ich die luftsaugende Wirkung des Quecksilbers aus eigener Anschauung kennen lernen wollte, wurde folgendermassen angestellt: Eine Flasche mit weggenommenem Boden wurde, den Hals nach abwärts, in passender Höhe (nahe 2m) an der Wand befestigt. Durch den Kautschukpfropf, der in den Hals fest hineingedrückt war, wurden zwei Glasröhren geführt. Die erste war eine Capillarröhre mit einem Caliber von 2mm und einer Länge bis nahe zum Fussboden herab; sie war an beiden Enden offen und ragte in der Flasche nicht über den Pfropf empor. Die zweite Röhre war kürzer, dünnwandiger, wurde zunächst ziemlich weit durch den Pfropf emporgeschoben, sodann am obern Ende durch Ausziehen in einer Weingeistflamme-

verengt, und endlich so umgebogen, dass beim Zurückschieben der Röhre die Spitze derselben in die Öffnung der ersten Röhre eingeschoben erschien. **Diese zweite** Röhre war daher die Saugröhre, und diese Art ihrer Anbringung hatte nur den Zweck, den Apparat compacter und leichter transportabel zu machen.

Das untere freie Ende der Saugröhre wurde nun in einen Quecksilbernapf getaucht, **unter das** untere Ende der Fallröhre ein Auffanggefäss gestellt, und das **obenauf** befindliche Reservoir mit Quecksilber vollgegossen. Das Herabfliessen des letzteren erfolgte mit grosser Geschwindigkeit, und in der Saugröhre stieg das Quecksilber rasch empor bis es in der Barometerhöhe stehen blieb. Ohne erst diesen Versuch mehrfach zu modifizieren, begnügte ich mich vorläufig mit der gewonnenen Überzeugung, dass es sich der Mühe lohnen müsste, über eine bequeme und nützliche Art der Anwendung des hier zur Anschauung gebrachten Principes weiter nachzudenken.

Natürlich war Gegenstand dieses Nachdenkens die Auffindung eines praktischen Verfahrens, um das herabgeflossene Quecksilber immer wieder **in** das **Reservoir** hinauf zu befördern.

Der Umstand, dass die herabfliessende Quecksilbermenge **verhältnismässig klein ist, führte mich** auf die Vermuthung, dass hier von einem Verfahren erfolgreicher Gebrauch gemacht werden könnte, welches ich vor mehreren Jahren durch einen Zufall kennen lernte. Ich hatte damals ein Communicationsgefäss vor mir, das aus einem weiten und einem sehr engen Arme bestand. In dem ersteren stand eine ununterbrochen Wassersäule, während in dem letzteren sich zahlreiche Luftblasen befanden, die aber wegen der Enge der Röhre nicht aufsteigen konnten, sondern zahlreiche Unterbrechungen der Wassersäule bildeten. Diese reichte in Folge dessen entsprechend höher hinauf, als die ununterbrochene im weiten Arme. Der Anblick dieser ganz und gar anspruchslosen Erscheinung erregte aber meine Aufmerksamkeit bei dem Gedanken, dass das Problem, eine Flüssigkeit durch Saugen über jene Höhe emporzuheben, bis zu welcher der Luftdruck beim Torricellischen Versuche sie zu heben vermag, auf die Weise gelöst werden könnte, dass man eine hinreichend enge Röhre anwenden, und dafür sorgen würde, dass sich in dieser eine von Luft unterbrochene Flüssigkeitssäule bilde. Um **mich** von dem Erfolge eines solchen Versuches zu überzeugen, gab ich auf den Teller der Luftpumpe einen Recipienten, der statt des gewöhnlichen Handgriffes einen Flaschenhals hatte. In diesen Hals steckte ich einen Durchlöcherten Gummipfropf, steckte durch denselben eine lange enge Glasröhre, welche über dem Recipienten horizontal, sodann aber vertikal nach abwärts gebogen war. Der abwärts gerichtete Theil hatte eine Länge von 120cm. Nahe am unteren Ende hatte ich zuvor eine kleine Seitenöffnung angebracht, indem ich die Röhre an einer

Stelle mittelst einer Stichflamme erweichte, diese erweichte Stelle mit einem Glasstabe berührte und eine Spitze wegzog, von welcher nur kleine Stücke wegzubrechen waren, um eine feine Öffnung herzustellen. Das Ende der Röhre wurde in untergestelltes Quecksilber getaucht, unter den Recipienten der Luftpumpe aber ein leerer Becher gestellt. Die Pumpe war kaum in Thätigkeit gesetzt, als sich auch schon reichlich Quecksilber in den Becher ergoss. Die Bewegung desselben in der Röhre war so lebhaft, dass man sie mit dem Auge gar nicht verfolgen konnte. Es konnte mit Sicherheit angenommen werden, dass bei entsprechend geändertem Arrangement noch auf viel bedeutendere Höhen Quecksilber durch Saugen befördert werden könnte. Kann auch dieses Verfahren nur mit engen Röhren ausgeführt werden, so steht doch nichts im Wege, falls grössere Flüssigkeitsmengen gehoben werden sollen, beliebig viele solche Röhren gleichzeitig zu verwenden.

Um nun diesen Process mit dem vorher besprochenen zu combiniren, nahm ich einen Glascylinder von 3cm Durchmesser und 15cm Höhe, und steckte in beide Öffnungen desselben streng hinein passende Gummipfropfen.

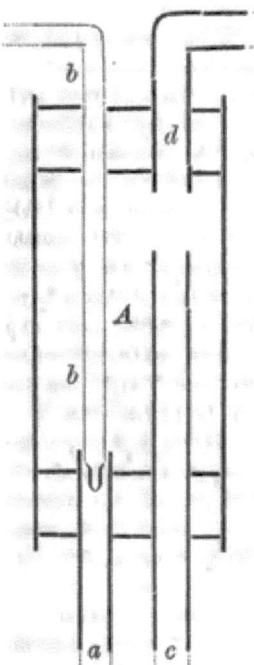

Der Raum A zwischen diesen (s. d. Fig.) sollte das Quecksilberreservoir abgeben. Jeder Pfropf bekam zwei Löcher, und zwar in solcher Lage, dass die Axen der unteren mit denen der oberen zusammenfielen. Dieser Cylinder wurde in aufrechter Lage nahezu zwei Meter hoch an der Wand (später an einem entsprechend hohen, soliden, transportablen Holzstativ) befestigt. In das eine Loch des unteren Pfropfs kam nun die Fallröhre a, nämlich eine gerade, beiderseits offene, starkwandige Glasröhre von 2·5mm innerem Durchmesser, und 140cm Länge, welche den Pfropf im Raume A nicht überragte. Durch das Loch gerade darüber wurde die konisch ausgezogene Saugröhre b so hineingesteckt, dass ihr verengtes Ende in die Öffnung von a hineinragte. Das zweite Loch des unteren Pfropfs nahm die Steigröhre c auf, d. h. jene Röhre durch welche das herabgeflossene Quecksilber wieder in den Raum A hinaufstei-gen sollte. Es war eine Röhre gleicher Art und Länge wie a, hatte nahe dem unteren Ende eine haarfeine Seitenöffnung, und endigte im Raume A ganz nahe am oberen Pfropf. Über dieser endlich mündete nach A die vierte Röhre d, welche zum Recipienten der Luftpumpe zu führen hatte. Sie mag die pneumatische Röhre heissen. Die Saugröhre b endigte nach aussen in eine Barometerprobe, d. h. sie führte ausserhalb des Cylinders eine Strecke weit abwärts, und war dann wieder in einer Länge von etwa 20cm parallel aufwärts gebogen, geschlossen und im aufwärts gebogenen Theile mit Quecksilber gefüllt. Die Röhren a und e endigten, dicht neben einander vom Cylinder A herablaufend, in ganz gleicher Höhe über dem Fussboden, und tauchten hier in untergestelltes Quecksiber B Die pneumatische Röhre d wurde endlich mit einem im Recipienten der zweistiefeligen Luftpumpe steckenden Glasröhrenstücke mittelst eines passenden Gummischlauches verbunden, in welchen der ganzen Länge nach eine Drahtspirale eingeschoben war, um ihn gegenüber dem äusseren Luftdrucke steif zu erhalten.

Meine Neugierde war nun auf folgende drei Punkte gerichtet: 1. wird das Quecksilber überhaupt aus dem Gefässe B auf die noch nicht probierte Höhe von A emporströmen? 2. Wird im Bejahungsfalle dieses Emporströmen in der Röhre c dem Herunterfliessen in a der Quantität nach die Wage halten? 3. Wird, wieder im Bejahungsfalle, die Luftförderung aus einem erst anzubringenden Recipienten hinlänglich rasch vor sich gehen, dass überhaupt an eine praktische Verwendung des Apparates gedacht werden kann?

Die erste Frage konnte sofort beim Beginne der Thätigkeit der Pumpe bejaht werden. Bezüglich der zweiten Frage war das Resultat zunächst nicht befriedigend, doch zeigte es sich, dass man nur das konische Ende der Saugröhre b tief genug in die Mündung von a hineinzuschieben brauche, um den Quecksilberabfluss zu moderieren. Was die dritte Frage betrifft, so konnte ich bei vorliegendem Arrangement nur so viel mit Befriedigung constatieren, dass die Barometerprobe schon vor Ablauf einer Minute die Dichte 0 anzeigte, d. h. für das Auge war eine Differenz des Qundsilberstandes in den Schenkeln derselben nicht mehr wahrnehmbar. Übelstände ergaben sich folgende: 1. Die Füllung des Raumes A erfolgte wegen des capillaren Calibers der Röhre c zu langsam; es zeigte sich aber bei fortgesetztem Versuchen, dass durch Anwendung einer Steigröhre von grösserem Caliber (4m innerem Durchmesser) diesem Übel sehr wirksam begegnet wird, wobei zugleich die Seitenöffnung weniger fein zu sein braucht. 2. Das Quecksilber schoss aus der Steigröhre mit Vehemenz in den Raum A empor und gelangte in die gerade darüber befindliche Öffnung der pneumatischen Röhre; als ich diesem Übelstande durch Zuschmelzen der Steigröhre und Anbringung einer seitlichen Ausflussmündung begegnen wollte, wurde sogar der Kopf der Röhre durch das anprallende Quecksilber abgeschlagen. 3. In Folge der durch die Luftpumpe erzeugten Luftverdünnung im Raume A wurden die Pfropfen vom Luftdrucke immer tiefer in den Cylinder hinein gedrückt, wodurch zugleich die Saugröhre zu tief in die Fallröhre geschoben wurde. Diesen beiden Übelständen (2 und 3) wurde erfolgreich abgeholfen durch eine zurechtgeschnittene Glasplatte, welche in der Lage eines Axenschnittes des cylindrischen Raumes A in diesen gebracht wurde. Sie hinderte das Näherrücken der Pfropfen gegen einander, und theilte zugleich den Raum A in zwei getrennte Kammern. Die pneumatische Röhre wurde nun in jene Kammer eingeführt, in welcher sich die Saugröhre befand, während das aufsteigende Quecksilber sich in die andere Kammer ergoss. Die Luftcommunication zwischen den beiden Kammern wurde durch die Glastafel nicht gehemmt, wohl aber dem Eindringen des Quecksilbers in die pneumatische **Röhre** vorgebeugt. 4. Der Raum A füllte sich durch den rascher gewordenen Zufluss des Quecksilbers so vollständig, dass wieder ein Theil des letzteren durch die pneumatische Röhre in die Luftpumpe gelangte. Um diess zu vermeiden, regulirte ich das Niveau des Quecksilbers im **unteren** Gefässe derart, dass wenn der Raum A bis zur erwünschten Höhe gefüllt war, das untere Ende der Steigröhre nicht mehr eintauchte. Es strömte nun so lange blosse Luft in die Steigröhre, bis sich **durch** mittlerweile aus der Fallröhre herabgekommenes Quecksilber das Niveau gehaben hatte.

Um nun den Apparat zur Verdünnung der Luft in irgend **einem** Recipienten zu benützen, musste noch für einen luftdichten Anschluss desselben gesorgt werden. Da bei demselben an die Evacuierung grösserer Räume natürlich wegen der oben beschriebenen kleinen Dimensionen nicht gedacht werden kann, sondern nur an Geisslersche Röhren, ein elektrisches Ei kleinerer Sorte und dgl., so genügte es, den Apparat für den Anschluss eines in eine Röhre auslaufenden Recipienten einzurichten. Ich nahm daher einen starkwandigen, becherartigen Glaskörper von etwa 12cm Höhe, dessen Innenraum sich nach unten schwach konisch verengte, und steckte in denselben einen Gummipfropf (mit 3 Löchern) bis ungefähr 3cm unter den Rand. In das eine der drei Löcher wurde die Saugröhre, von der die frühere, als Barometerprobe dienende Krümmung weggeschnitten worden war, hineingesteckt; in das zweite kam eine neue Barometerprobe, und das dritte Loch blieb für die Recipientenröhre übrig. Waren alle drei Röhren eingeführt, so wurde der Raum des Bechers über dem Pfropf mit Quecksilber vollgegossen, und so vollständige Dichtigkeit gesichert. Da aber noch der bisher nicht berührter Übelstand vorhanden war, dass bei jeder längeren Unterbrechung des Betriebes der Luftpumpe sich der Raum A von Quecksilber entleerte, und in Folge dessen die atmosphärische Luft in die eben evacuierten Räume wieder eindrang, so musste noch eine Abschlussvorrichtung für den Recipienten besorgt werden. Zu diesem Ende wurde statt der eben erwähnten Recipientenröhre eine U-förmig gebogene Capillarröhre von mehr als 76cm Schenkellänge mit dem einen Ende in den Becher bis in die Mitte eingeführt, zuvor aber derselbe mit Quecksilber halb gefüllt; die Röhre reichte bis zum Niveau desselben, ohne jedoch einzutauchen; sie führte somit von da vertical aufwärts über 76cm hoch, und dann wieder parallel herab, um am zweiten Ende erst mit dem Recipienten in Verbindung gebracht zu werden. Das Quecksilberniveau im Becher aber wurde dadurch regulirbar gemacht, dass durch den Pfropf ein Stahldraht ging, der am unterem Ende, nämlich im Innern des Bechers einen Eisencylinder trug. Dieser schwebte für gewöhnlich über dem Quecksilberniveau, konnte aber unter dasselbe mittelst des Stahldrathes hineingetaucht werden. Dadurch wurde natürlich das Niveau gehoben, die U-Röhre endigte in Folge dessen unter Quecksilber, und der Recipient war vor dem Wiedereindringen der Luft geschützt, indem das Quecksilber wohl in die Röhre steigen, sich aber nie bis zur Höhe der Krümmung erheben konnte.

Aus dieser Darstellung der Entstehung des Apparates und aus seiner Beschreibung geht nun Folgendes hervor:

1. Der Apparat saugt Luft aus einem Recipienten, ohne dass die Verdünnung derselben durch einen schädlichen Raum begränzt wäre, und darf insofern unter die Quecksilber-Luftpumpen eingereiht werden.

2. Die erforderliche Handarbeit bei der Benützung des Apparates besteht in dem Treiben einer gewöhnlichen Luftpumpe, und zwar genügt für ein Arrangement von den oben angegebenen Dimensionen ein ganz langsames Bewegen der Kolben; selbst lange Ruhepausen sind zulässig, so dass die Arbeit, wenn auch noch so lange fortgesetzt, nicht ermüden kann.

3. Der Apparat kann als zur Kolben-Luftpumpe gehöriger Nebenapparat betrachtet werden, den man jedesmal anwendet, wenn ein durch die Kolbenpumpe nicht herstellbarer Verdünnungsgrad erreicht werden soll. Hiebei schliesst sich die Function dieses Apparates in der Weise an die der Kolbenpumpe an, dass Anfangs durch die Thätigkeit der Kolbenpumpe die Luftverdünnung besorgt wird; gerade im Momente aber, wo diese Alles was sie kann geleistet, geht ihre Arbeit in die Quecksilberförderung über, während der Quecksilberstrom die Fortsetzung der Verdünnung übernimmt. Da die Kolbenpumpe namentlich Anfangs die Luft unvergleichlich rascher verdünnt als der Quecksilberapparat, so bleibt also der Übelstand der Langsamkeit beschränkt auf die Zeit, wo uns die Kolbenpumpe im Stiche lässt. Vortheilhaft ist es jedoch, die Steigröhre mit einer Sperrvorrichtung zu versehen, damit sich die Leistungsfähigkeit der Kolbenpumpe aufs äusserste erschöpfe, bevor der Hülfsapparat in Action tritt.

4. Der beschriebene Apparat ist von jedermann leicht herzustellen, der nur die Geschicklichkeit besitzt, eine Glasröhre in der Flamme zu biegen. Alle Theile sind mittelst Gummipfropfen an einander gefügt,

*

und jeder Theil kann im Falle eines Bruches leicht ersetzt werden. Trotzdem ist ein schädlicher Raum oder eine Undichtigkeit vollständig vermieden. Wollte Jemand den Apparat sich vom Mechaniker anfertigen lassen, so würde der Preis den Wert des Materials nur wenig übersteigen. Von grösster Wichtigkeit ist ferner die Möglichkeit, den Apparat im Bedarfsfalle vollständig zu zerlegen und Stück für Stück zu reinigen.

5. Da das herabgeflossene Quecksilber sofort wieder durch die Thätigkeit der Kolbenpumpe hinaufgeschafft wird, so ist das Quantum des verwendeten Quecksilbers ein minimales. Dieses muss allerdings vollkommen rein sein, da jede noch so geringe Zähigkeit desselben den Erfolg sehr beeinträchtigt. Es werden nämlich dann bei der sprudelnden Aufwärtsbewegung in der Steigröhre Lufttheilchen in das Quecksilber gepeitscht, die sich aus demselben im Raume A trotz der daselbst herrschenden Verdünnung unvollkommen befreien; verbleiben sie aber **im Quecksilber**, so gelangen sie mit demselben in die Fallröhre, und bringen natürlich dieselbe Wirkung wie ein schädlicher Raum hervor. Die Erfahrung hat mich gelehrt, dass das Quecksilber bei längerem Gebrauche eine schwarze Oberfläche annimmt, und mit derselben auch die Glaswände beschmutzt. Der Grund dieser Erscheinung dürfte im Schwefelgehalte der Kautschuckpfropfen zu suchen sein; doch ist auch die Annahme naheliegend, dass die Reibung des Quecksilbers an den Glaswänden Elektricität, und diese Ozon erzeugt, welcher Körper das Quecksilber rascher, als der gewöhnliche Sauerstoff, oxydirt. Man sieht thatsächlich, wenn man mit dem Apparate im Dunkeln arbeitet, im Raume A sowohl als auch in der Steigröhre sehr lebhafte elektrische Lichterscheinungen. Das schmutzig gewordene Quecksilber braucht man übrigens nur ein paar mal durch einem Papiertrichter laufen zu lassen, um ihm die ursprüngliche Schönheit und Brauchbarkeit wieder zu geben.

Es versteht sich von selbst, das die Leistungsfähigkeit des Apparates noch bedeutend erhöht werden kann, wenn eine Fallröhre von grösserem Caliber angewendet wird. Nur würde es dann nöthig sein, da die Steigröhre nicht zu weit sein darf, deren zwei oder mehrere anzuwenden. Dann müsste aber auch einiges Studium darauf verwendet werden, um die Bedingungen zu erforschen, unter denen bei gleicher Quantität des hinaufgesaugten Quecksilbers, die an der Kolbenpumpe zu leistende Handarbeit ein Minimum wird, oder mit anderen Worten: unter welchen mit dem aufwärts bewegten Quecksilber nicht *mehr* Luft, als nöthig, mit strömt. So viel kann ich übrigens schon auf Grund meiner bisherigen Beobachtungen angeben, dass anstatt einer einzigen Seitenöffnung der Steigröhre, mehrere entsprechend feinere in verschiedenen Höhen anzubringen sein würden.

II. Eine überraschende Art elektrischer Abstossung von Flüssigkeiten.

Vor längerer Zeit machte mir ein College Mittheilung von folgender von ihm beobachteter Erscheinung: Um das eigenthümliche, den Metallspitzen analoge Verhalten einer auf dem Conductor der Elektrisiermaschine befindlichen Flamme zu beobachten, habe er ein **brennendes Stück einer Stearinkerze in die für den Holzring** bestimmte obere Öffnung des Conductors gesteckt, und sodann die **Scheibe gedreht**. So lange die Kerze brannte, sei keine andere bemerkenswerte Erscheinung aufgetreten, als dass aus dem Conductor **keine** Funken sprangen; als aber während der fortgesetzten Drehung die Flamme ausgeblasen worden war, sei die um den Kerzendocht herumstehende flüssige Stearinmasse in einem springbrunnenartigen Strahl in die Höhe gespritzt. Ich stellte alsbald darnach denselben Versuch an und fand die obige Mittheilung **vollkommen** richtig. Die Ursache der Erscheinung war offenbar **darin** zu suchen, **dass** in dem Momente, als die Flamme ausgeblasen wurde, die Zerstreuung der Elektricität in der Luft aufhörte, und somit auf dem Conductor eine Spannung entstand, die stark genug war, die bewegliche Stearinmasse fortzuschleudern; die Strahlenform aber kam in Folge der allen Flüssigkeiten eigenthümlichen Cohäsion zu Stande. Ich dachte sogleich, dass diese Erscheinung **sich vollkommener entfalten müsste**, wenn man der **abstossenden Kraft der Elektricität ein grösseres Quantum Flüssigkeit darböte**. Ich nahm daher ein messingenes, flaches Blechschälchen **von der Form** und Grösse eines Uhrglases, stellte es auf den Conductor und goss es mit Öl voll. Als ich hierauf die Scheibe drehte, bot sich mir ein herrliches Schauspiel dar. Rund herum erhoben sich vom Rande der Schale, und zwar in regelmässigen Abständen von einander, dünne Ölstrahlen nahezu meterhoch in die Luft, sanft divergirend, und nach einer parabolischen Krümmung nach Aussen in der Atmosphäre verschwindend. Diese Strahlen waren continuierlich, und dauerten so lange, als Öl genug in der Schale war und die Drehung der Kurbel fortgesetzt wurde. An einer anderen Stelle als am Rande traten sie nie auf; am schnellsten erschienen sie, wenn so viel Öl auf die Scheibe gegossen war, dass es überzufliessen drohte. War jedoch weniger **davon** vorhanden, **so** breitete es sich doch bei zunehmender Spannung **der Elektricität** bis zum Rande aus, worauf die Strahlen abermals, wenn auch in kleinerer Zahl auftraten. Nach beendetem Versuche fanden sich allerdings alle in der unmittelbaren Umgebung befindlichen Gegenstände mit Öl bespritzt, und ich halte es nicht für überflüssig, denjenigen Fachcollegen, **welche** diesen Versuch zu wiederhohlen Lust haben, zu empfehlen, **dass sie zuvor** mit einem Überwurfe ihre Kleider bedecken; denn das in die Luft gestrahlte Öl ist elektrisch und wird von allen in der Nähe befindlichen unelektrischen Körpern, also auch von den Kleidern des Experimentierenden angezogen. Als bei obigem Versuche aus der Schale einige Öltropfen auf den Conductor gefallen waren, während der Funkenzieher auf die gewöhnliche Schlagweite eingestellt war, da trat beim Drehen der Scheibe auch an diesen Tropfen eine hübsche Erscheinung auf. Der Conductor schien auf einmal Fühlhörner hervorzuschieben, welche in einer geradezu possierlichen Weise nach dem Funkenzieher zu tasten schienen. Die Öltropfen nämlich gestalteten sich zu flüssigen Strahen, welche sich mit einer gewissen Bedächtigkeit zum Funkenzieher hinwendeten und sich dort wieder zu Tropfen formten. **Aber** hier thaten die Tropfen nach kurzer Überlegung ebendasselbe; sie sendeten ebenfalls Strahlen aus, welche aber merkwürdiger Weise den Conductor zu meiden suchten, und mehr Vorliebe für den gläsernen Fuss des Conduc**tors** an den **Tag** legten; eine Thatsache, für welche ich keine zutreffende Erklärung finden kann.

Als ich hierauf die Schale mit Wasser, **und** ein anderes Mal mit Alkohol füllte, stellte sich die am Öl beobachtete Erscheinung nicht ein, was mich zur Ansicht verleitete, dass die schlechte Leitungsfähigkeit einer Flüssigkeit die nothwendige Bedingung für das Eintreten derselben sei. Mein nächster Gedanke war, es müsste die Strahlenerscheinung noch an Effect gewinnen, wenn statt des Öls eine leicht erstarrende Flüssigkeit angewendet würde. Ich gab daher in die auf dem Conductor befindliche Schale einige Stücke Kolophonium, brachte dieselben mittels Spiritusflamme und Löthrohr in Fluss, und setzte die Elektrisiermaschine in Gang. Der Erfolg erregte mein Staunen auf das Höchste, und ich empfehle es jedem Fachcollegen, dem die Sache neu ist, die Anstellung dieses ganz mühelosen Versuches nicht zu unterlassen. Die Erscheinung beginnt genau so wie beim Öle; aber die haarfeinen Strahlen erstarren alsbald, stürzen sich auf die in der Nähe stehenden unelektrischen Gegenstände, und überziehen dieselben in wenigen Secunden mit einem dichten, feinen Gespinste, ganz ähnlich, wie es die Spinne mit ihrer Beute macht; andere Fäden erscheinen, ebenfalls wie die der Spinnen, geradlinig zwischen entfernten Gegenständer ausgespannt, und wolkenförmige Massen von Kolophoniumgespinnst schweben in der Luft. Bei der grossen Sprödigkeit dieser Fäden ist es natürlich ganz leicht, diese Gespinnste von den damit belegten Objecten wie gewöhnlichen Zimmerstaub durch Abwischen oder Abbürsten zu entfernen. Es versteht sich von selbst, dass die Erscheinung um so effectvoller ist, je besser die Maschine arbeitet, und je grösser der Vorrath an flüssigem Kolophonium in der Schale ist.

Es war nun naheliegend, denselben Versuch noch mit anderen, einer raschen Erstarrung fähigen Flüssigkeiten zu wiederholen. Allein eine so effectvolle Erscheinung wie beim Kolophonium kehrte nicht wieder. Schellack wurde nicht dünnflüssig genug, trieb massenhaft Blasen, und wenn auch einzelne Fäden zum Vorschein kamen, so herrschte doch die Tendenz vor, klumpenweise aus der Schale zu springen. Wachs, Stearin und Paraffin gaben sehr schöne Flüssigkeitsstrahlen, aber das Product der Erstarrung waren nicht mehr Fäden, sondern auf dem Tische herumliegende Kügelchen, von ganz gleichem Aussehen wie das käufliche Sago. Die Kügelchen waren bei einer und derselben Substanz von durchaus gleicher, bei verschiedenen Substanzen von verschiedener Grösse.

Um endlich über die Frage ins Reine zu kommen, ob auf das Zustandekommen dieser Flüssigkeitsstrahlen auch die Leitungsfähigkeit derselben von Einfluss sei, wendete ich anstatt geschmolzener pulverisierte Substanzen an. Auf diese Art musste der Einfluss der Cohäsion eliminiert werden, und somit der der Leitungsfähigkeit allein übrig bleiben. Ich verwendete nur zwei, der Leitungsfähigkeit nach entgegengesetzte Körper: Kolophonium und Graphit. Das erstere Pulver, auf die Schale zu einem kegelförmigen Haufen aufgeschüttet stob beim Drehen der Scheibe ziemlich träge auseinander. Da die Staubtheilchen nicht gut in der Luft gesehen werden konnten, so leitete ich mittelst des Heliostaten ein Bündel Sonnenstrahlen über die Schale hinweg. Nun hatte die Erscheinung wieder an Schönheit gewonnen. Die von der Sonne hell beleuchteten Stäubchen erschienen in dem sonst spärlicherleuchteten Zimmer ganz wie sprühende Funken. Auffallend war es, dass auf die Conductoroberfläche gerathenes Kolophoniumpulver keine Neigung zeigte, sich zu entfernen. Ich ersetzte nun das Kolophonium mit dem gut leitenden Graphit. Dieser verhielt sich nun freilich anders. Es schien, als wenn im Boden der Schale zahlreiche Löcher gewesen wären, aus welchen ein kräftiger Wind blies; so lebhaft stob das Pulver, und zwar in einzelnen Büscheln, in die Luft. Da ich bemerkte, dass die von mir angewendete Beleuchtungsweise viel für gewöhnlich Unsichtbares nicht nur sichtbar mache, sondern sogar zur effectvollen Geltung bringe, und da überdiess die beiden letztgenannten Versuche es zur Evidenz brachten, dass Leitungsfähigkeit dabei Nebensache, dagegen Adhäsion und Cohäsion von wesentlicher Bedeutung sei (an dem trägen Verhalten des Kolophoniumpulvers konnte nur seine Klebrigkeit Schuld sein), so wiederholte ich den Versuch mit Wasser. Der Erfolg war sehr lohnend. Aus einem Punkte des Randes der Schale erhob sich ein sprühender Nebel in Gestalt eines Kegels, der im Entstehungspunkte seine Spitze hatte, dann aber sich trompetenartig erweiterte. Derselbe war so fein, dass man ihn mit der entgegengehaltenen Handfläche kaum fühlte, und dass er, von einem Blatte Papier aufgefangen, dasselbe nur kaum merklich benetzte. Ich wiederholte nun noch den Versuch mit Weingeist, Schwefeläther und Benzin. Der Erfolg war nicht wesentlich vom vorhergehenden verchieden; Nur erschienen statt eines einzigen breiten, mehrere schmale nebelige Büschel. Wegen der ausserordentlichen Feinheit dieser Nebel konnte auch eine alkoholische Schellacklösung, die ich noch als erstarrungsfähige Flüssigkeit aus dieser Gruppe anwendete, nichts Bemerkenswertes bieten. Ein entgegengehaltenes Holzstück, welches durch seine Anziehung die Entwicklung der Büschel begünstigte, erschien erst nach längerer Zeit ganz schwach gefirnisst.

Aus allen angeführten Versuchen ergibt es sich daher, dass für die Gestaltung der Erscheinung die Consistenz (der Zähigkeitsgrad) der Flüssigkeit massgebend ist.

Apparat für unmittelbare Umsetzung der Sonnenwärme in mechanische Arbeit.

Im Jahre 1874 wurde in mehreren Fachblättern ein Motor beschrieben, dessen Bewegung auf dem Temperaturwechsel beruhte, welchem ein abwechselnd in Wasser getauchter und hierauf an der Luft trocknender Körper unterworfen ist. Dieser Motor bestand im Wesentlichen aus einer sehr leicht drehbaren Welle, durch deren Mitte drei gleich lange Glasröhren so geführt waren, dass sie sich unter lauter Winkeln von $60°$ kreuzten, und ihre Hälften die Figur von sechs Radspeichen bildeten. Die Enden der Glasröhren waren zu Kugeln aufgeblasen, und die Hälse letzterer rechtwinkelig in der Ebene des Röhrensystems umgebogen, in gleicher Weise wie die Speichenenden des Segnerschen Rades. Es waren somit je zwei Kugeln durch eine Röhre in Communication. Sie waren zur Hälfte mit Äther gefüllt, luftleer gemacht, durch Zuschmelzen der Füllöffnung vollständig verschlossen, und endlich mit einer Hülle von Mousselin bekleidet. Das so gebaute Rad bewegte sich über einem prismatischen Gefässe mit Wasser, und zwar so, dass die unterhalb der Axe liegenden Kugeln stets ins Wasser eingetaucht waren. Das Wassergefäss war bedeckt, um die Verdunstung zu hindern; der Deckel enthielt jedoch eine passend ausgeschnittene Öffnung, so dass die Kugeln knapp, aber ohne Anstoss, sich hindurch bewegen konnten.

Die Drehung dieses Rades wurde nun durch folgende Ursache herbei geführt: Unter den sechs Kugeln war eine notwendigerweise unter Wasser in solcher Lage, dass sie aufwärts gebogen war und daher mit einer ausserhalb des Wassers befindlichen abwärts gebogenen communicierte. Von diesen zwei Kugeln hatte nun die untergetauchte die Temperatur des Wassers und der Luft, die obere (von einer vorangegangenen Umdrehung her nass gebliebene) hingegen in Folge der Verdunstung die niedrigere Temperatur der „Nasskälte." Daher war die Spannung des Ätherdampfes in der letzteren geringer als in der untergetauchten, der Äther wurde aus dieser in die in freier Luft befindliche emporgetrieben, und bewirkte so ein Übergewicht, welches eine entsprechende Drehung des Rades, und ausserdem zur Folge hatte, das ein neues Kugelpaar an die Stelle des früheren trat, und sich dem Einflusse eben derselben Kräfte unterzog. Natürlich konnte der Effect so kleiner Kraftwirkungen nur ein sehr geringer sein, und ich war fast überrascht, die Angabe angeschlossen zu finden, dass der so eingerichtete Motor durch mehrere Monate ununterbrochen eine Uhr im Gang erhalten habe.

Gerade diese Angabe aber legte die Vermuthung nahe, dass ein solches drehbares System von mit Äther gefüllten Glaskugeln eine erhebliche Drehungsenergie äussern müsste, wenn an Stelle der 2 — 4° betragenden Temperaturdifferenz, welche die Verdunstung zu erzeugen vermag, jene angewendet würde, welche zwischen einem von der Sonne beschienenen und einem im Schatten befindlichen Körper besteht. Natürlich ist in diesem Falle statt des Mousselin-Überzuges der Kugeln eine die Wärme möglichst reichlich absorbierende und rasch ausstrahlende, also schwarze Farbschichte zu verwenden.

Behufs Anstellung eines diesbezüglichen Versuches erzeugte ich nun ein Rad wie das oben beschriebene. Eine starkwandige Glasröhre von 1mm Caliberweite wurde in Stücke von passender Länge zerschnitten, jedes davon am Ende zu einer 4cm weiten Kugel aufgeblasen, und deren Hals rechtwinklig umgebogen. Um die Wärmewirkung der Sonnenstrahlen auf den Äther zu beschleunigen, empfahl es sich, mit Rücksicht auf das geringe Leitungsvermögen des Glases, die Kugeln möglichst dünnwandig zu machen. Sie wurden daher von einer Stärke hergestellt, dass sie ein Herabfallen von einer Höhe von 5cm eben noch ertrugen, ohne zu brechen. In mässiger Entfernung von der Kugel wurde die Röhrenwand mittelst einer Stichflamme in eine lange feine Spitze ausgezogen, welche zum nachherigen Füllen zu dienen hatte. Je zwei Kugeln wurden nun mit den Röhrenenden an einander geschmolzen, so dass sie nun sich an den Enden einer 20cm langen Röhre befanden, wo sie nach entgegengesetzten Seiten umgebogen waren. Die feine Spitze wurde nun in Äther getaucht, durch oftmaliges Erwärmen und Abkühlen die Kugeln von Luft vollständig entleert und zur Hälfte mit Äther gefüllt, endlich die Spitze zugeschmolzen. Vier solche Kugelpaare wurden sodann, sich gegenseitig halbierend, und unter gleichen Winkeln sich kreuzend, in eine Welle von Kork eigefügt, und letztere, um eine Axe leicht drehbar, in passende, auf zwei Säulchen befindliche Lager gelegt. Nachdem noch alle 8 Kugeln mit mattem Schwarz überzogen worden waren, konnten die Versuche beginnen.

Der Apparat wurde so auf die Fensterbrüstung gestellt, dass jene Hälfte des Rades, deren Kugeln aufwärts gebogen waren, von der Sonne beschienen wurde, die andere dagegen im Schatten des Fensterpfostens war. Die Rotation begann sofort, und hatte eine Geschwindigkeit von 3-4

Umdrehungen in der Minute. Die fortgesetzte Beobachtung des Ganges unter manigfach wechselnden Umständen ergab folgendes:

1. Die Geschwindigkeit der Drehung ist in der kalten Jahreszeit grösser als in der warmen, und am Morgen grösser als in den späteren Tagesstunden, offenbar weil die Temperaturdifferenz zwischen der erwärmten und der mit ihr communicierenden beschatteten Kugel desto grösser wird, je niedriger die Lufttemperatur ist. Am schwächsten ist die Wirkung der untergehenden Sonne.

2. Während einer zeitweiligen Verhüllung der Sonne durch Wolken steht das Rad still, und während einer blossen Verschleierung derselben durch durchscheinende Nebel geht es entsprechend langsamer. Es würde sich daher recht gut eignen, um für meteorologische Zwecke die Dauer und Intensität des Sonnerscheines zu registriren.

3. Da die Kugeln keine Luft, sondern nur Ätherdampf enthalten, so geht bei längerem Verweilen einer Kugel in der Sonne schliesslich ihr ganzer Inhalt in die mit ihr communicierende andere Kugel; d. h. das Drehungsmoment kann sich steigern bis zum Producte aus dem Gewichte einer vollständigen Kugelfüllung und ihrem Abstande von der Axe. Das Rad kann somit erhebliche Widerstände überwinden; als ich mittelst einer Fadentransmission ein Uhr-Zeigerwerk einschaltete, machte der Sekundenzeiger 4 Umdrehungen in der Minute. Hiebei hatte die Schnurscheibe am Apparate einen dreimal grösseren Durchmesser, als jene am Uhrwerk.

4. Befestigt man an einer Speiche des Kugelrades ein nicht allzugrosses Gewicht, so tritt nur anfangs eine Hemmung der Drehung ein; alsbald geht in Folge des längeren Verweilens der betreffenden Kugel in der Sonne um so viel mehr Äther auf die andere Seite, dass die Excentricität des Schwerpunktes ausgeglichen wird, worauf die Drehung wieder vollständig gleichmässig vor sich geht. In gleicher Weise wird auch eine etwaige von der Anfertigung herrührende Excentricität des Schwerpunktes von selbst durch eine entsprechende Vertheilung des Äthers in den Kugeln gut gemacht.

5. Unregelmässig aber ist der Gang, wenn die Wanddicke der Kugeln ungleich ist, oder wenn dieselben nicht alle vollkommen luftleer sind. Die Ungleichmässigkeit ist dann jedoch eine streng periodische, indem immer dieselbe Kugel bei ihrem Eintritte in den Bereich der Sonnenstrahlen eine Verlangsamung der Bewegung verursacht.

Erwägt man, dass die obenangebene allerdings geringe mechanische Arbeit von einigen Centimeter-Grammen pro Sekunde von der Bestrahlung einer Fläche herrührt, welche auch nur wenige Quadratcentimeter beträgt, so ergibt sich, dass man von einem in entsprechend grösserem Massstabe hergestellten Apparate desselben Princips ganz ansehnliche Arbeitsleistungen erzielen könnte. Das in diesem Falle statt des Glases zur Verwendung kommende Metall würde überdiess bei Vermeidung der Gebrechlichkeit die höchst vortheilhafte Eigenschaft der guten Wärmeleitung besitzen und die Wahl einer günstigeren Form (z. B. flacher Querröhren statt der Kugeln) möglich machen. Die Unbeständigkeit des Sonnenscheines ist freilich ein Umstand, welcher bis jetzt am meisten die Mechaniker davon abgeschreckt haben dürfte, die Benützung desselben als treibender Kraft in Erwägung zu ziehen. Doch gewinnen ja die Windmotoren, welche von einem ebenso launenhaften Elemente getrieben werden, täglich mehr Verbreitung, und eignen sich dabei nicht so gut zur Aufstellung an jedem beliebigen Orte, wie es bei einem Sonnenmotor der Fall wäre.

Eine neue Art elektrischer Schallübertragung.

Die Eigenthümlichkeit des Graham-Bell'schen Telephons, behufs Wahrnehmung der übermittelten Töne ans Ohr gehalten werden zu müssen, hat gleich nach seinem Bekanntwerden zahlreiche Physiker zu Versuchen angeregt, dasselbe bis zu dem Grade zu verbessern, dass es die zu übertragenden Töne mit grösserer Stärke wiedergeben würde. Es wurden in den wenigen Jahren, welcher seither verflossen, unzählige Erfindungen neuer Telephons publiciert, deren Töne angeblich oder wirklich auf mehrere Meter Distanz hörbar sein sollen. So wenig ich auch an der Wahrheit der betreffenden journalistischen Mittheilungen zweifle, so scheint es mir doch für den Werth derselben charakteristisch zu sein, dass für die in allen grösseren Städten eingeführten Telephonanlagen als Hörapparate die ursprünglichen einfachen amerikanischen Telephons verwendet werden, während man bei den Sprechapparaten das telephonische Princip aufgegeben, und zum mikrophonischen die Zuflucht genommen hat.

Die Schwierigkeit, das Bell'sche Telephon kräftiger zu machen, beruht eben auf dem Principe dieses Apparates selbst. Um dieselbe würdigen zu können, hat man zu erwägen, dass die Grösse der Leistung in der Hauptsache von der Stärke der elektrischen Ströme abhängt, in welche die schwingende Bewegung der Eisenmembran des Sprechapparates umgesetzt wird. Diese Stromstärke ist aber ein Product aus zwei Factoren: 1. der Schwingungsamplitude der Membrane, 2. der Masse derselben. Nun kann man aber nicht einen dieser zwei Factoren vergrössern ohne zugleich den andern zu verkleinern. Denn soll die Membran von der Luft Schwingungen grösserer Amplitude annehmen, so muss sie dünner sein; je dünner sie aber ist, desto schwächer ist in Folge der Verringerung der vor dem Magnetpole schwingenden Eisenmasse die Strominduction.

Was den Einfluss der Stärke des Magnetismus des Stahlstabes anbelangt, wird folgendes zu erwägen sein:

Dieser Stahlmagnet hat die Aufgabe, dem weichen Eisenkerne in der Spule einen Magnetismus m zu ertheilen, der mindestens ebenso gross ist, als der durch den stärksten vorkommenden Inductionsstrom im Empfangstelephone entstehende Magnetismus μ. Dadurch wird erreicht, dass der Magnetismus des Eisenkernes beim Gebrauche des Telephons zwischen den Gränzen $m + \mu$ und $m - \mu$ variert, sich also innerhalb eines Spielraumes 2μ verändert, dessen Wert von der Grösse m unabhängig ist. Bedenkt man, dass Nord- und Südmagnetismus auf die Membran in gleicher Weise anziehend wirken, so erscheint es nicht gleichgültig, ob $m + \mu$ und $m - \mu$ Grössen von gleichem oder entgegengesetztem Vorzeichen sind. Wäre aber $m < \mu$, so würde $m - \mu = - (\mu - m)$ sein, und da für die Stärke der Anziehung nur der Zahlenwerth $\mu - m$ in Betracht kommt, so wären $\mu + m$ und $\mu - m$ die beiden äussersten Werte der Magnetismen; der numerische Abstand zwischen diesen Grössen wäre dann $2m$, somit in Folge der gemachten Voraussetzung kleiner als 2μ. Da nun von diesem numerischen Gränzenabstande die Schwingungsamplitude der Membran des Empfangsapparates abhängt, so erscheint es wesentlich ungünstig, den Magnetismus m des Stahlstabes kleiner als μ zu nehmen; die angeführten Argumente lehren aber auch, dass von μ angefangen aufwärts die Stärke des Stahlmagnetes ohne Einfluss auf die Güte des Telephons ist, da die Grösse m bei der Subtraction $(m + \mu) - (m - \mu)$ ganz herausfällt.

Von den beiden Körpern: Eisenkern und Eisenmembrane, welche im Bell'schen Telephon die Träger der Schwingungen erzeugenden Kräfte sind, ist also keiner fähig, behufs Verstärkung der Leistung wesentliche Verbesserungen anzunehmen, und lassen sich nur manche mehr nebensächliche Einflüsse so weit günstiger gestalten, um so zu sagen auf indirectem Wege das Instrument zu perfectionieren.

Diese Erwägungen waren es, welche mich zum Nachdenken darüber anregten, ob sich dem Principe des Bell'schen Telephons nicht irgend ein anderes substituieren liesse, welches eine wirksamere Einflussnahme auf jene Umstände gestatten würde, die die Stärke der übertragenen Töne bedingen. Ich blieb endlich bei einem Gedanken stehen, den ich in den nachfolgenden Zeilen mitzutheilen mir erlaube. Ich muss leider vorausschicken, dass ich nicht in der Lage bin, über eine abgeschlossene Versuchsreihe zu berichten, denn lange vor Beendigung derselben musste ich die Arbeit wegen Zeitmangels unterbrechen; gerade die völlige Ungewissheit aber, ob ich in nächster Zeit für die Fortsetzung derselben die nöthige Musse finde, bestimmt mich, wenigstens die leitende Idee mitzutheilen, in der Annahme, dass vielleicht ein Fachcollege, der mit mehr verfügbarer Zeit als ich gesegnet ist, der Sache so viel Interesse abgewinnen könnte, um sich auf ihre experimentelle Erprobung auf dem hier anzudeutenden Wege einzulassen. Und wenn auch ich selbst für den Fall günstiger experimenteller Ergebnisse der mitzutheilenden Idee eine praktische Bedeutung nicht beimesse, so glaube ich doch nicht unbescheiden zu sein, wenn ich ein, wie ich glaube, originelles Princip der elektrischen Schallübertragung für wert erachte, um mit dessen Veröflentlichung zur Litteratur dieses Gegenstandes einen kleinen Beitrag zu liefern.

Um dem Übelstande zu begegnen, dass die Verstärkung des Stahlmagnetes auf die Leistung des Telephons ohne Einfluss ist, musste ein Mittel ersonnen werden, um den Sitz der durch die inducierten Ströme erzeugten Anziehungskraft in die Membran selbst zu verlegen. Denn ist ein solches erreicht, so muss im Sinne der für alle mechanischen Fernwirkungen gültigen Gleichung $f = \frac{m_1 m_2}{d^2}$ die Grösse der Anziehung nicht nur mit dem Magnetismus der Membran, sondern auch mit jenem des fixen Magnetes proportioniert sein, und wenn man daher letzteren vervielfacht, so muss damit in gleichem Verhältnisse die Schwingungen erregende Kraft vervielfacht werden.

Das Gesagte lässt sich nun erreichen, wenn man statt der Eisenmembran eine Scheibe anwendet, welche aus einer ebenen Spirale von sehr feinem, isoliertem und dicht an einander gewickeltem Kupferdrahte besteht. An Stelle des fixen Magnetes kommt dann eine genau gleich grosse Spirale aus dickerem Draht in Verwendung, welche den Strom einer galvanischen Kette aufzunehmen hat. Diese zweite Spirale wird concentrisch und parallel dicht an der ersten angebracht.

Um sich die Eigenschaften eines solchen Spiralenpaares zu vergegenwärtigen, erinnere man sich an folgende Sätze aus der Electrodynamik: 1) Parallele, von elektrischen Strömen durchflossene Drähte ziehen sich bei übereinstimmender Stromrichtung an, und stossen sich bei verschiedener Stromrichtung ab; 2) Wird einem vom Strome durchflossenen Drahte ein anderer in sich selbst geschlossener Draht plötzlich genähert, so wird in letzterem ein Strom von entgegengesetzter, beim Entfernen hingegen ein Strom von gleicher Richtung induciert. 3) Im 1. Falle ist die Anziehung, beziehungsweise Abstossung desto stärker, je stärker jeder der beiden Ströme ist, und je näher die Drähte an einander liegen; im 2 Falle ist die Intensität des inducierten Stromes desto grösser, je stärker der primäre Strom ist, je näher die Drähte an einander liegen, je länger die auf einander einwirkenden Drähte sind, und — was hier besonders von Belang ist — je grössere Bewegungen sie gegen einander ausführen.

Leitet man daher durch die Windungen der ersten Spirale die von einem entfernten Telephon erzeugten Ströme, während wie gesagt, die zweite Spirale von einem constanten galvanischen Strome durchflossen wird, so wird die erste nach Satz 1) abwechselnd angezogen und abgestossen, und führt somit Schwingungen aus, die mit denen der Telephonmembran der Zahl nach gleich, der Form und Stärke nach proportioniert sind, und somit den gegen jene Membran tönenden Schall mit einer gewissen Stärke wiedergeben. Versetzt man hingegen ebendieselbe Spirale durch irgend eine Schallerregung in Schwingungen, so werden in ihr nach dem obigen Satze 2) Ströme von wechselnder Richtung induciert, welche wie jene eines Bellschen Telephons den Schall zu einem Empfangsapparate übertragen. Das Spiralenpaar kann also principiell sowohl das Sprech- als auch das Hörtelephon ersetzen. Zur Einrichtung für eine Correspondenz gehört demnach für jede der beiden Stationen ein Spiralenpaar mit einer Lokalkette, deren Strom überall die dickere Spirale aufzunehmen hat, während die feinen Spiralen beider Stationen, untereinander durch zwei Leitungen verbunden, zusammen einen geschlossenen Stromkreis ausmachen.

Das laut der früheren Auseinandersetzung von mir angestrebte Ziel erscheint nun bei dieser Combination hinsichtlich des Folgenden erreicht. Angenommen es werde bei Anwendung eines primären Stromes von mässiger Stärke irgend ein geringer Grad von Schallübertragung erzielt, so lässt sich die Wirkung offenbar dadurch steigern, dass der primäre Strom der Sprechstation verstäkt wird; denn die inducierten Ströme sind bei sonst gleichen Umständen dem primären proportioniert, und müssen daher in der Hörstation in gleichem Verhältnisse stärkere Schwingungen der sekundären Spirale hervorbringen. Da aber nach Satz 1) die Anziehung und Abstossung paralleler Drähte mit jedem der beiden cirkulierenden Ströme proportioniert ist, so muss auch eine Verstärkung des primären Stromes der Hörstation die Schwingungen in gleichem Verhältnisse vergrössern, so dass, wenn in jeder Station der Strom primäre n mal grösser wird, die Schwingungen n^2 mal grösser werden müssen. Es ist also für die Verstärkung der Wirkung ein riesiger Spielraum gegeben, der nur durch den einzigen Umstand begränzt wird, dass bei zu starken Batterieströmen endlich die Erhitzung des Drahtes dem Apparate gefährlich werden müsste.

Hinsichtlich der Grösse der Spiralen lehrt eine einfache Erwägung, dass dieselbe für die Entfernung bestimmend ist, aus welcher man gegen das Instrument sprechen, und aus welcher man aus demselben Töne vernehmen kann. Setzt man den Durchmesser des Drahtes der Spiralen $= 1$, so erhält man für die Länge des auf eine Spirale von n Windungen verwendeten Drahtes den Ausdruck: $\pi + 3\pi + 5\pi + \ldots + (2n-1)\pi = n^2 \pi$, wenn man der Einfachheit halber die Spirale als aus lauter concentrischen Drahtringen bestehend ansieht. Es ist somit die Drahtlänge mit dem Quadrate des Radius der Spirale proportioniert. Das würde eine Verstärkung der Inductionsströme im quadratischen Verhältnisse zum Radius ergeben, wenn man nicht bedenken müsste, dass gegen eine grössere Spirale auch aus entsprechend grösserer Entfernung gesprochen werden muss, wenn alle ihre Punkte von den schwingenden Lufttheilchen gleichzeitig getroffen werden sollen. Bei dieser grösseren Entfernung wird aber wieder die Schwingungsintensität in jedem einzelnen Punkte im quadratischen Verhältnisse geringer, woraus folgt, dass bei einem n mal grösseren Spiralendurchmesser aus n facher Entfernung gesprochen werden muss, die Intensität der Inductionsströme aber dabei dieselbe bleibt. Allein diese Ströme sind in jenem n^2 mal längeren Drahte entstanden, und können somit auch einen n^2 mal grössern Widerstand in der äusseren Leitung, d. h. in der Empfangsspirale überwinden. Diese darf somit einen n^2 mal längerem Draht enthalten, d. h. ebenfalls den $n$fachen Radius haben, die Schwingungen einer n^2 mal grösseren Fläche aber sind auf die $n$fache Entfernung hörbar.

Eine kleine Ausschweifung der Phantasie wolle mir hier der geneigte Leser zu gute halten. Da nämlich das in Rede stehende Telephon aus zwei sich deckenden Scheiben besteht, so kann man sich dasselbe sehr gut mit einem Rahmen garniert denken, in welchem es wie ein Bild an der Wand hängt. Die Sekundärspirale bildet hiebei die Vorderfläche. Denkt man sich nun weiter letztere mit dem Portrait des Correspondenten der anderen Station bemalt, so hat man im buchstäblichen Sinne des Wortes ein sprechendes Bild vor sich.

Es erübrigt noch mitzutheilen, wie weit ich mit der Realisierung der hier dargelegten Idee gekommen bin. Nach vorangegangenen kleineren Versuchen fertigte ich eine Sekundärspirale in folgender Weise an: Eine gut polierte kreisrunde Messingscheibe von 12cm Durchmesser wurde mit einer sehr dünnnen Wachsschichte überzogen, und erhielt im Centrum ein ganz kleines Loch. Durch dieses wurde das Ende des zu verwendenden 0·3mm dicken Drahtes gesteckt, und hierauf aus demselben mit freier Hand eine ganz kleine Spirale mit wenigen Windungen geformt. Diese wurde nun in der Mitte auf die Messingplatte gedrückt, sodann mit einer ebenfalls runden, 14cm breiten Glastafel bedekt, und mit dieser centrisch in der Klemme des Klangfigurenapparates befestigt. Durch langsames und vorsichtiges Drehen wurde dann der Draht, in Fortsetzung der schon begonnenen Spirale zwischen die Scheiben gewickelt. Die Arbeit ging vorzüglich von Statten und lieferte eine Spirale von tadelloser Schönheit, die nur wegen Mangels an eigener Festigkeit auf die Pressung zwichen den Platten angewiesen war. Nach einem gelinden Erwärmen jedoch und nachherigem Abkühlen klebte die Spirale mittelst des Wachses auf der Messingplatte, und die Glastafel konnte entfernt werden. Nun wurde die Oberfläche der Spirale so lange periodisch mit einer dünnen Schellacklösung bestrichen und inzwischen getrocknet, bis sich ein sichtbarer glänzender Harzüberzug gebildet hatte. Hierauf wurde mit Anwendung einer Wärme, welche wohl Wachs, nicht aber Schellack zu schmelzen vermag, die Spirale von der Messingplatte abgelöst, das Wachs mittelst warmen Fliesspapiers weggesaugt, und sodann auch diese Seite in gleicher Weise wie die andere mit Schellack lackiert. Die erhaltene Scheibe war vollkommen eben, nur **sehr** gebrechlich. Ein kundigerer Technologe würde wohl gewiss ein besseres Fixirmittel als Schellack angewendet haben; ich wählte indess letzteres vorzugsweise wegen des raschen Trocknens.

Bevor ich zur Herstellung der primären Spirale schritt, **für welche ich nicht sofort** ein praktisches Verfahren auszusinnen vermochte, stellte ich Versuche in der Weise an, dass ich die fertige Spirale über die Öffnung eines bodenlosen Hohlcylinders spannte, an Stelle der primären Spirale einen permanenten Magnet verwendete und den Leitungs**draht zu einem** Bellschen Telephon führte.

Das Ergebnis des Versuches war, dass die Spirale, als Sprechapparat benützt, eine allerdings nur sehr schwache Übertragung von Gesang und Sprache aufwies, so dass sie dass Bellsche Telephon nur in geringem Masse ersetzte; und als Empfagsapparat lies sie gar nur dann einen Schall vernehmen, wenn die Ströme nicht vom Telephon, sondern von einem Inductionsapparate mit Selbstunterbrechung herrührten. Allein von weiteren Versuchen abschreckend kann meines Erachtens dieses Ergebnis nicht genannt werden, da bei der eben beschriebenen Anordnung ein Magnet nur auf jene wenigen Windungen der Spirale, welche mit den Contouren seiner Polfläche parallel waren, einen Einfluss üben konnte und fast alle jene Bedingungen fehlten, unter welchen im Sinne der oben angeführten elektrodynamischen Gesetze ein befriedigendes Resultat erwartet werden konnte. In diesem wenig vorgeschrittenen Stadium wurde ich leider durch andere dringende Arbeiten unterbrochen, und warte vorläufig auf eine andere Gelegenheit, um mich **mit** der Sache wei**ter** zu beschäftigen.

Eine an dieser Spirale beobachtete Erscheinung **möchte ich noch** einer anhangsweisen Erwähnung würdigen. Als dieselbe nämlich **von** dem unterbrochenen Strome eines Neef'schen Hammers durchflossen wurde, liess sie wie zu erwarten war, ein Gerassel vernehmen, ähnlich jenem, welches unter gleichen Umständen im Telephon auftritt. Als ich nun einmal für den Stahlmagnet ein Stück unmagnetischen Eisens substituirt hatte, war das Rasseln noch immer, wenn auch schwächer hörbar. Diess liess sich entweder dadurch erklären, dass die unterbrochenen Ströme in dem benachbarten Eisen parallele Ströme inducierten, welche bei ihrem Entstehen sofort eine mechanische Wirkung **auf** die Membran ausübten; oder aber dadurch, dass der Schall durch eine periodische Anziehung der Windungen unter einander erzeugt wurde. War die erstere Annahme richtig, so musste das Gerassel auch bei Anwendung eines beliebigen anderen Metalls an Stelle des Eisens hörbar sein; war es die letztere, so musste die Spirale an auch und für sich, bei Abwesenheit jedes andern Körpers stönen. Die hierüber angestellten Versuche bestätigten die erste Annahme. Das Geräusch trat auf, wenn eine beliebige Metallplatte mit der Spirale in nicht zu grosser Entfernung parallel war; nicht leitende Körper liessen dieselbe vollkommen stumm. Diese Spirale hat daher die Eigenschaft, die Nähe von Metallen durch ein eigenthümliches Geräusch anzukündigen, falls diese durch was immer für eine undurchsichtige Bedeckung maskiert sein sollten.

SCHULNACHRICHTEN

I. Personalstand des Lehrkörpers und Fächervertheilung.

1. Director **Theodor** Pantke, k. k. Schulrath, fachmännisches Mitglied des Landesschulrathes für Görz und Gradisca, weltlich, lehrte Latein in VII, wöchentlich 5 Stunden.

2. Professor **Matthäus Lazar**, weltlich, Mitglied der k. k. Prüfungscommission für allgemeine Volks- und Bürgerschulen in Görz, Custos des naturhistorischen Cabinets, lehrte Mathematik in I. A und B, Naturgeschichte in I. A und B, II. A und B, III. (im I. Sem.) V. und VI., Physik in III. (im 2. Sem.), zusammen 20 Stunden.

3. Professor **Andreas Marušič**, Weltpriester, Mitglied des k. k. Landesschulrathes für Görz und Gradisca, Mitglied der k. k. Prüfungscommission für allgemeine Volks-und Bürgerschulen in Görz, Exhortator für die Schüler des Ober- und Untergymnasiums, ertheilte den Religionsunterricht in allen Classen des Gymnasiums, zusammen 20 Stunden.

4. Professor **Josef Culot**, weltlich, k. k. Bezirksschulinspector für die Stadt Görz, Mitglied der k. k. Prüfungscommission für allgemeine Volks- und Bürgerschulen in Görz, lehrte Italienisch in I., III., V—VIII., Deutsch in IV., zusammen 15 Stunden.

5. Professor **Adolf Baar**, weltlich, Classenvorstand der VIII., lehrte Latein und Griechisch in dieser Classe, wöchentlich 10 Stunden, verwaltet nebenbei die hiesige Studienbibliothek.

6. Professor **Anton Santel**, weltlich, Classenvorstand der VII., Custos des physikalischen Cabinets, lehrte Mathematik, Physik und Philosophische Propädeutik in VII. und VIII., Mathematik in VI., zusammen 19 Stunden

7. Professor **Friedrich Simzig**, weltlich, Classenvorstand der V., lehrte Latein in dieser und der VI. Classe, Griechisch in VII., zusammen 16 Stunden; derselbe verwaltet überdies die Gymnasialbibliothek.

8. Professor **Johann Jenko**, weltlich, Classenvorstand der I. B, lehrte Latein in dieser Classe, Slovenisch in V.—VIII., zusammen 16 Stunden.

9. Professor **Josef Ivančič**, weltlich, Classenvorstand der II. B, lehrte Latein, Deutsch und Slovenisch in dieser Classe und Slovenisch in I. B, zusammen 16 Stunden.

10. Professor **Konrad Nussbaumer**, weltlich, Classenvorstand der III., lehrte Latein und Griechisch in dieser Classe, Griechisch in V., zusammen 16 Stunden.

11. Professor **Heinrich Maionica**, weltlich, Correspondent der k. k. Centralcommission für Kunst- und Historische Denkmale in Wien, Classenvorstand der IV., lehrte Latein, Griechisch und Italienisch in dieser Classe, ausserdem Italienisch in II. A und im Freicurs, zusammen **16 Stunden**.

12. Gymnasiallehrer **Karl Linke**, weltlich, lehrte Geschichte und Geographie in II. A, V. und VIII., Deutsch in III. und VIII., zusammen **17 Stunden**.

13. Gymnasiallehrer **Josef Wenzel**, weltlich, Classenvorstand der VI., lehrte Geographie in I. A, Geschichte und Geographie in VI. und VII., Deutsch in V., VI. uud VII., zusammen **18 Stunden**.

14. Supplent **Gustav Novak**, weltlich, approbirt für Mathematik und Physik, lehrte Mathematik in II. A und B, III., IV., V., Physik in IV., zusammen **19 Stunden**.

15. Supplent **Robert Drexl**, weltlich, approbirt für classische Philologie, Classenvorstand der II. A, lehrte Latein und Deutsch in dieser Classe, Griechisch in VI., zusammen **17 Stunden**.

16. Supplent Dr. **Franz Kos**, weltlich, approbirt für Geschichte und Geographie, Mitglied der k. k. Prüfungscommission für allgemeine Volks- und Bürgerschulen in Görz, lehrte Geographie in I. B, Geschichte und Geographie in II. B, III. und IV., Slovenisch in III., IV. und im Freicurs, zusammen **20 Stunden**.

17. Supplent **Franz Metzler**, weltlich, approbirt für Latein, Griechisch und Deutsch, Classenvorstand der I. A, lehrte Latein und Deutsch in dieser Classe, Deutsch in der I. B, zusammen **16 Stunden**.

18. **Anton Hribar**, Leiter der k. k. Knaben-Übungsschule, weltlich, ertheilte Gesangunterricht in zwei Abtheilungen je eine Stunde wöchentlich und leitete die Vorübungen für den Kirchengesang.

19. **Alois Kuršen**, Turnlehrer, leitete in den Sommermonaten die gymnastischen Übungen 2 Stunden wöchentlich, so weit es die Witterungsverhältnisse gestatteten.

II. Lehrverfassung.

Erste Classe. *)

Religion, 2 St.: Katechismus. Dieser Unterricht wurde den Schülern in ihrer Muttersprache ertheilt. In der A-Abtheilung wurde auf die deutschen Schüler beim Vortrage und beim Examiniren gebührende Rücksicht genommen.

Latein, 8 St.: Regelmässige Formenlehre.

Deutsch, 4 St.: Formenlehre des Verbs. Der einfache, erweiterte Satz; Lectüre, Declamation, orthographische Übungen.

---

*) Die Schüler der beiden untersten Classen waren nach ihrer Muttersprache in je zwei Parallelcurse getheilt, in A Italiener und Deutsche, in B Slovenen.

Italienisch, 2 St. in der A-Abtheilung: Teorica delle flessioni fino ai verbi anomali e difettivi. — Della proposizione semplice (concordanza).
Slovenisch, 2 St. in der B-Abtheilung: Oblikoslovje, čitanje, deklamovanje.
Geographie, 3 St.: Elemente der mathematischen und physichen Geographie. Politische Geographie aller fünf Erdtheile.
Mathematik, 3 St.: Die vier Rechnungsarten mit unbenannten und benannten ganzen Zahlen, gemeinen und Decimalbrüchen. Theilbarkeit der Zahlen. — Linien, Winkel, Dreiecke.
Naturgeschichte, 2 St.: Zoologie: Säugethiere; Insecten und andere wichtigere wirbellose Thiere.

Zweite Classe.

Religion, 2 St.: Katholische Liturgik. Unterrichtssprache wie in der ersten Classe.
Latein, 8 St.· Unregelmässigkeiten in Declination nnd Conjugation. Das Wichtigste aus der Casus-Modus-und Tempuslehre; Acc. c. Inf. und Abl. absol.
Deutsch, 4 St.: Formenlehre des Nomens, Satzverbindung und Satzgefüge; Lectüre, Declamation, orthographische Übungen.
Italienisch, 2 St. in der A-Abtheilung: Teorica delle flessioni e delle particelle. — Della proposizione composta.
Slovenisch, 2 St. in der B-Abtheilung: Sklanja in sprega; imetniša pravila iz skladnje. Čitanje, deklamovanje.
Geschichte, 2 St.: Alterthum in übersichtlicher Darstellung.
Geographie, 2 St.: Asien, Afrika. Verticale und horizontale Gliederung Europa's. Specielle Geographie der drei südlichen Halbinseln, dann Frankreichs, Belgiens, Hollands.
Mathematik, 3 St.: Verhältnisse, Proportionen, Regeldetri, Procentrechnung. Eigenschaften, Construction und Berechnung gradliniger Figuren. Verwandlung und Theilung derselben.
Naturgeschichte, 2 St.: Im 1. Sem. Zoologie beendet, im 2. Sem. Botanik.

Dritte Classe.

Religion, 2 St.: Geschichte der Offenbarung des alten Bundes.
Latein, 6 St.. Casuslehre. Gelesen wurden aus Schwarz Lesebuche: Dicta memorabilia (Auswahl), dann die Biographien des Themistocles, Aristides, Pausanias, Alcibiades, Agesilaus, Epaminondas, Iphicrates, von Curtius die Stücke I, II, III u. VI.
Griechisch, 5 St.: Regelmässige Formenlehre bis zum Passivstamm der Verba auf ω.
Deutsch, 3 St.: Satzlehre wiederholt; Lectüre, Declamation.
Italienisch, 2 St.: Ripetizione dell'aggettivo, del pronome e del verbo. — Casi in dipendenza dal nome e dal verbo.
Slovenisch, 2 St.· Ponavljanje oblikoslovja. Predlog. Skloni. Čitanje, deklamovanje.

Geschichte und Geographie, 3 St.. Mittelalter in übersichtlicher Darstellung. — Das nördliche und östliche Europa, Deutschland, Amerika und Australien.
Mathematik, 3 St.: Die vier Rechnungsarten mit algebraischen Ausdrücken und Potenzen. Quadrat- und Kubikwurzel, Permutationen. — Kreislehre, Construction der Ellipse, Hyperbel und Parabel.
Naturgeschichte, nur im 1. Sem. 2 St.: Mineralogie.
Physik, nur im 2. Sem. 2 St.: Einleitung, Schwere, Wärme und chemische Erscheinungen.

Vierte Classe.

Religion, 2 St.: Geschichte der Offenbarung des neuen Bundes.
Latein, 6 St.: Tempus- und Moduslehre. Hauptpunkte der Prosodie und Metrik. Caesar, de bello Gall. lib. I, VI, c. 1-35. Ovid, Trist. IV, 10.
Griechisch, 4 St.: Die regelmässige Formenlehre beendet, dann die Verba auf $\mu\iota$ und die unregelmässigen Zeitwörter.
Deutsch, 3 St.: Figuren und Tropen; Brief- und Geschäftsstil; Metrik. Lectüre, Declamation.
Italienisch, 2 St.: La teorica dei tempi e dei modi, dello stile epistolare; lettura e studio di scelti squarci dal libro di lettura.
Slovenisch, 2 St.: Skladnja, čitanje, deklamovanije.
Geschichte und Geographie, 4 St.: Neuere und neueste Geschichte mit besonderer Rücksichtnahme auf österreich. Geschichte. — Geographie der österr.-ungarischen Monarchie.
Mathematik, 3 St.: Gleichungen des ersten Grades mit einer und zwei Unbekannten. Zusammengesetzte Regeldetri, Termin-Gesellschafts-Alligationsrechnung, Kettenrechnung, Zinseszinsrechnung. — Stereometrie.
Physik, 3 St. Mechanik, Magnetismus, Elektricität, Akustik und Einiges aus der Optik.

Fünfte Classe.

Religion, 2 St.: Katholische Glaubenslehre (1. Thl. allgemeine).
Latein, 6 St.: Livius, lib. I, II (Auswahl). Ovid, Trist. I, 3; IV, 10; epist. ex Ponto I, 2; II, 1; Heroid. X; Amor. 1, 15; Fast. II v. 83-118 und 475-512; Metam. lib. I, 89-415; VI, 146-313; VIII, 611-725; X, 1-77.
Griechisch, 5 St.: Casuslehre. Xenophon nach Schenkl's Chrestomathie: Cyropaed. II, VII. Anab. II, III, IV. Homer, Ilias, I, II.
Deutsch, 3 St.: Poetik, mit besonderer Berücksichtigung des Epischen und Lyrischen. Lectüre, Declamation.
Italienisch, 2 St. Lettura e studio di scelti squarci di autori del trecento e quattrocento (specialmente Dante e Petrarca).
Slovenisch, 2 St.: Navk o pesnistvu. — ponovljanje slovnice; declamovanje.
Geschichte, und Geographie, 4 St.: Alterthum bis auf Augustus mit steter Berücksichtigung der hiermit im Zusammenhange stehenden geographischen Daten.

Mathematik, 4 St. Die vier Rechnungsoperationen mit allgemeinen und besonderen Zahlen. Zahlensysteme überhaupt und das dekadische insbesondere. Theilbarkeit der Zahlen. Brüche, Verhältnisse, Proportionen. — Planimetrie.
Naturgeschichte, 2 St.: im 1. Sem. Mineralogie und Geognosie, im 2 Sem. Botanik mit Palaeontologie und einer kurzen Skizze über die geographische Verbreitung der Pflanzen.

Sechste Classe.

Religion, 2 St.: Katholische Glaubenslehre (2. Thl. besondere).
Latein, 6 St.: Sallust, bellum Jugurth.; Verg. Aen. I, II, IV und V (statar.) III. (cursor.)
Griechisch, 5 St.: Homer, Ilias VI, VII, VIII. Herodot, lib. VI und VII, cap. 1-30. Tempus- und Moduslehre.
Deutsch, 3 St.: Literaturgeschichte von den ältesten Zeiten bis Lessing. Lectüre, Declamation.
Italienisch, 2 St. Lettura e studio di scelti squarci di autori del cinquecento e nominatamente di Ariosto e Tasso.
Slovenisch, 2 St.: Slovanske starožitnosti; narodne pesmi slovenske in druzih slovanskih narodov: berilo iz Cvetnika, predavanja.
Geschichte und Geographie, 3 St.: Die Zeit der römischen Kaiser, dann Mittelalter mit steter Berücksichtigung der einschlägigen geographischen Daten.
Mathematik, 4 St.: Potenzen, Wurzeln, Logarithmen; Gleichungen des ersten Grades mit einer und mehreren Unbekannten. Stereometrie und Trigonometrie.
Naturgeschichte, 2 St.: Zoologie mit einschlägiger Palaeontologie.

Siebente Classe.

Religion, 2 St.: Katholische Sittenlehre.
Latein, 5 St.: Cicero, die 1. 2. u. 3. Rede gegen Catilina **und die Rede für Roscius** aus Ameria. Verg. Aen. VI u. VII.
Griechisch 4 St.: Demosthenes, die drei philippischen Reden. **Homer O**dyssee I, V, VII, IX.
Deutsch, 3 St.: Literaturgeschichte von Lessing bis zu Schillers **Tode**. Lectüre (Iphigenie auf Tauris). Declamation.
Italienisch, 2 St.: Lettura e studio di scelti squarci di autori del seicento e settecento, nominatamente di Metastasio, Goldoni, Alfieri Parrini e Gozzi.
Slovenisch, 2 St.: Žitje sv. Cirila in Metoda; slovenka in moravska zgodovina; staroslovenska slovnica in slavstvo z berilom prosta predavanja.
Geschichte u. Geographie, 3 St.: Die Neuzeit unter steter Berücksichtigung der einschlägigen geographischen Daten.
Mathematik, 3 St.: Diophantische Gleichungen. Quadratische Gleichungen mit einer und mehreren Unbekannten. Einige höhere und Exponentialgleichungen. Arithmetische und geometrische Progressionen;

Combinationen; der binomische Lehrsatz; Wahrscheinlichkeitsrechnung. — Analytische Geometrie in der Ebene.
Physik, 3 St.: Allgemeine Eigenschaften der Körper. Molekularkräfte und deren Wirkungen. Grundzüge der Chemie; Wärmelehre; Statik und Dynamik fester Körper.
Philosophische Propädeutik, 2 St.: Logik.

Achte Classe.

Religion, 2 St.: Kirchengeschichte.
Latein, 5 St.: Tacitus, Germania cap. 1-28. Ann. I. Horaz, die Oden des ersten u. dritten Buches nach Grysar, 5 Satiren, 6 Episteln.
Griechisch, 5 St.: Platon, Apologie und Criton. Sophocles, Oed. Col. Hom. Odyssee (Auswahl).
Deutsch, 3 St.: Literaturgeschichte des 19. Jahrhunderts mit besonderer Berücksichtigung österreichischer Dichter. Lectüre: Goethes Hermann und Dorothea, Schillers Wilhelm Tell. Auswahl ästhetischer Abhandlungen aus Mozart's Lesebuche III. Thl., Declamation.
Italienisch, 2 St.: Studio di scelti squarci di autori dell' ottocento, nominatamente di Monti, Foscolo, Pindemonte, Leopardi e Manzoni; quindi studio dell' inferno di Dante.
Slovenisch, 2 St.: Novoslovenska slovstvena zgodovina od protestantičke dobe do l. 1848 z berilom iz dotičnih pisateljev; prosta predavanja.
Geschichte und Geographie, 3 St.: Geschichte, Geographie und Statistik der österr.-ungar. Monarchie.
Mathematik, 2 St.: Wiederholung des gesammten Lehrstoffes des Obergymnasiums.
Physik, 3 St.: Hydrostatik, Aërostatik, Magnetismus, Elektricität, Optik.
Philosophische Propädeutik, 2 St.: Psychologie.

III. Lehrbücher,
welche im Schuljahre 1882-83 gebraucht wurden.

Religionslehre. I. Cl. Grosser Katekismus. Il Catechismo grande. Lesar, Katekizem. II. Cl. Frenzl, Liturgik. Cimadomo, Catechismo del culto cattolico. Lesar, Liturgica. III. u. IV. Cl. Geschichte der Offenbarung des alten und neuen Testaments, herausgegeben bei Bellmann in Prag. V. VI. VII. Cl. Wappler, Lehrbuch der katholischen Religion für die oberen Classen der Gymnasien. 1. 2. 3. Thl. VIII. Cl. Mach, Leitfaden der Kirchengeschichte.
Latein. I.-VI. Cl. Schultz, Kleine lateinische Sprachlehre. VII. u. VIII. Cl. Ellendt-Seyffert, Latein. Sprachlehre. I. u. II. Cl. Schultz, Übungsbuch zur lat. Sprachlehre. III. u. IV. Cl. Hauler, Aufgaben 1. u. 2. Thl. V. u. VI. Cl. Süpfle Aufgabensammlung, 1. Thl. VII. u. VIII. Cl. Hauler, Latein. Stilübungen f. d. V. u. VI. — Schwarz lat. Lesebuch. Caesar, de bello Gallico ed. Grysar. Virgil ed. Hoff-

mann. Ovid, carmina selecta ed. Halm. Tacitus ed. Halm. **Horaz ed.** Grysar.
Griechisch. III. — VIII. Cl. Curtius, Griech. Schulgrammatik. III. u. IV. Cl. Schenkl, Elementarbuch. V. u. VI. Cl. Hintner, Elementarbuch. — V. Cl. Schenkl, Chrestomathie aus Xenophon. Homer, Ilias ed. Hochegger-Zechmeister. Odyssee ed Pauly. Herodot ed. Wilhelm. Demosthenes ed. Pauly Plato **ed.** Ludwig. Sophocles ed. Dindorf.
Deutsch. I. — III. Cl. Heinrich, Deutsche Grammatik. I. — IV. Cl. Pfannerer, Deutsches Lesebuch 1. — 4. Thl. **V.** — VIII. **Cl.** Egger Deutsches Lehr- und Lesebuch I. II. 1. 2. VIII. Mozart, Deutsches Lesebuch für Obergymnasien 3. Band.
Italienisch. I. — IV. Cl. Demattio, Grammatica italiana. I. Cl. Demattio libro di lettura, II.-IV. Cl. Libro di lettura aus dem Schulbücher Verlag in Wien 2., 3., 4. Thl. V. — VIII. Cl. Carrara, Antolog. ital. 1. -- 5. Bd.
Slovenisch. I. — V. Cl. **Janežič** Slovenska slovnica. — III. Cl. Janežič, Cvetnik 1. 2. IV. — VI. Cl. Janežič, Cvetnik slovenske slovesnosti. VII. u. VIII. Cl. Miklosič, slovensko berilo 7. 8.
Geographie. I. — V. Cl. Kozenn-Jarz, Leitfaden der Geographie 1. u. 2. Thl. IV. Cl. Hannak, Vaterlandskunde, Unterstufe. VI. — VIII. Cl. Klun Leitfaden der Geographie. Schulatlanten von Kozenn u. Stieler.
Geschichte. II. u. III. Cl. Gindely, Geschichte des Alterthums und des Mittelalters f. Untergymnasien. IV. Cl. Hannak, Lehrbuch der Geschichte für's Untergymnasium 3. Thl. V—VIII. Gindely, Lehrbuch der Geschichte für's Obergymnasium. VIII. Cl. Hannak, Oesterreichische Vaterlandskunde, Oberstufe. — Histor.-geographische Atlanten von Kiepert, Menke, Jauss und Rhode.
Mathematik. I. — IV. Cl. Močnik, Lehrbuch der Arithmetik für's U. G. 1. 2. Thl. — Močnik, Geometrische Anschauungslehre 1. u. 2. Thl. V. — VIII. Cl. Močnik, Aritmetik u. Algebra für's Ob. G. und Močnik, Geometrie für's Ob. G. Heis, Aufgabensammlung; Adam, Logarithmen.
Naturgeschichte. I. u. II. Cl. Hayek, Illustr. Leitfaden der Naturgeschichte des Thierreichs. II. u. III. Cl. Pokorny, Pflanzenreich und Mineralogie; V. Cl. Hochstetter-Bisching, Mineralogie. Bill, Grundriss der Botanik. VI. Cl. Wohldrich, Leitfaden der Zoologie.
Physik, im U. G. Krist, Anfangsgründe der Naturlehre; **im** Ob. **G.** Münch, Lehrbuch der Physik.
Philosophische Propädeutik: Lindner, Logik und Psychologie.

IV. Themen zu Aufsätzen

a) in deutscher Sprache.

Fünfte Classe.

1. Der Mensch, der Herr der Erde. (Schularbeit)
2. Ein Gang durch die Triester Ausstellung.

3. Der Ackerbau, der Anfang der Cultur. Im Anschlusse an Schillers Gedicht „Das eleusische Fest". (Schularbeit)
4. Aristides und Themistokles. Eine Parallele.
5. Die Personen im ersten Gesange von „Hermann und Dorothea".
6. Eile mit Weile.
7. Womit entschuldigt der Ritter bei Schiller den Kampf mit dem Drachen? (Schularbeit)
8. Worin bestand die Grösse Hannibals?
9. Welches Bild entwirft Schiller in seinem Gedichte „Herculanum und Pompeji" von diesen neu erstandenen Städten? (Schularbeit)
10. Willst du herrschen, so lerne gehorchen.

Sechste Classe.

1. Was bewundern wir an den alten Römern? (Schularbeit)
2. Das Weihnachtsfest.
3. Was treibt die Menschen in die Ferne? (Schularbeit)
4. Das Schlimmste Glied, das Menschen tragen,
   Ist die Zunge, hör ich sagen.
   Wenn die Zunge das Rechte thut,
   So ist kein ander Glied so gut.
         Freidanks „Bescheidenheit".
5. Welches Bild entwirft Goethe in seinem Gedichte „Hans Sachsens poetische Sendung" von dem Nürnberger Meistesänger? (Schularbeit)
6. Du bist ein Mensch! Erwäge und bedenk' es stets.
7. Durch welche Verhältnisse wurde die päpstliche Oberherrschaft im Mittelalter begründet? (Schularbeit)
8. Wie urtheilt Klopstock in seiner Abiturientenrede über epische Poesie und über berühmte epische Dichter?
9. Der Genuss der freien Natur ist allen anderen Genüssen vorzuziehen. (Schularbeit)
10. Betrachtungen beim Anblicke einer verfallenen Ritterburg.

Siebente Classe.

1. Die Elemente hassen das Gebild der Menschenhand. (Schularbeit)
2. Klopstock und Lessing. Eine Parallele.
3. Im Leben ist Vergessen nicht die letzte Tugend. Platen, Abassiden. (Schularbeit)
4. Der peloponnesische und der dreissigjährige Krieg. Eine Parallele.
5. Erläuterung des Gedichtes „Mahomets Gesang" von Goethe. (Schularbeit).
6. Goethes italienische Reise.
7. Die Genesung des Orestes in Goethes „Iphigenie". (Schularbeit)
8. Es liebt die Welt das Strahlende zu schwärzen,
   Und das Erhabne in den Staub zu ziehn. Schiller.
9. Welch kulturhistorisches Bild entwirft Schiller in seinem Gedichte „der Spaziergang"? (Schularbeit)
10. Napoleon I. Eine Charakteristik.

Achte Classe.

1. Goethe in den ersten Tagen seines Aufenthaltes in Rom.
2. Die Erhebung der Ostmark zum Herzogthume. (Schularbeit)
3. Charakteristik der Germanen nach Tacitus „Germania".
4. Homo non sibi natus sed patriae. (Schularbeit)
5. Stillstand ist Rückschritt.
6. Wehe dem Epheu, der mit Liebe sich schlingt um den entwurzelten Baum. (Schularbeit)
7. Tell ein Mann der That.
8. Die Erinnerung an überstandene Mühen ist angenehm. (Schularbeit)
9. Charakteristik Hermanns.
10. Welche Vortheile und Annehmlichkeiten haben die Küstenbewohner von der Nähe des Meeres? (Maturitätsarbeit)

b) italienische Sprache:

Fünfte Classe.

1. Pensieri e preoccupazioni di Cristoforo Colombo durante il suo primo viaggio.
2. Quali sono le più terribili disgrazie che colpir possano una famiglia, una provincia, uno stato?
3. La vita dell'uomo paragonata alle stagioni dell'anno.
4. Che significa il motto: Viribus unitis?
5. Carattere dell'eroe a me più simpatico.
6. Quanto di vero contiene il motto: Ubi bene ibi patria?
7. Quali sono le armi dell'uomo con cui seppe acquistarsi e conservare la sua posizione nel mondo?
8. Descrizione delle amenità del mio luogo natio con qualche cenno della sua storia.
9. Quali impressioni fa il mare sull'animo di chi lo guarda e quai vantaggi egli arreca all'uomo?
10. Descrizione d'un temporale estivo e de' soi effetti nelle campagne.

Sechste Classe.

1. Quale è il carattere di don Abbondio ed in quali occasioni si palesa principalmente?
2. L'elogio della solitudine.
3. La quercia, la regina degli alberi.
4. Della potenza del canto, con accenni alla mitologia dei popoli antichi.
5. Cum duo faciunt idem, non est idem — disertazione con esempi tratti dalla storia.
6. Quali particolari belezze offre la nostra provincia?
7. La viola, simbolo della modestia.
8. Pietro d'Amiens eccita i cristiani alla liberazione di Terra Santa — Aringa.

9. Monologo sulle rovine di Aquileja.
10. Traduzione dal tedesco.

Siebente Classe.

1. Il nome dell'eroe non vive sì a lungo nei bronzi e nei marmi come nella storia e nei carmi — disertazione.
2. Analisi logica ed estetica dell'ode di Filicaja per l'assedio di Vienna.
3. Allocuzione di Annibale al suo esercito alle porte d'Italia.
4. Carattere d'un personaggio storico a me simpatico.
5. Carattere di Filippo II di Spagna secondo l'Alfieri.
6. La mia più interessante lettura nello scorso inverno — analisi critica.
7. Quai pensieri e quai sentimenti risveglia in noi lo sguardo d'un bel cielo stellato — disertazione.
8. Ritratto morale del giocatore.
9. Dei vantaggi dello studio della storia.
10. Descrizione della discesa di Enea all'inferno secondo **Virgilio**.

Achte Classe.

1. Chi la dura la vince — disertazione.
2. In quai modi un popolo acquista importanza nella storia, con speciale riguardo alle varie epoche storiche d'Italia.
3. Lettera di conforto ad un amico, che coi genitori ha perduto i mezzi onde passare agli studî universitarî.
4. Il perder tempo a chi più sa, più spiace — disertazione.
5. Traduzione dal tedesco.
6. Traduzione d'una satira di Orazio.
7. Parallelo fra il giardiniere e l'educatore.
8. Aequam memento rebus in arduis servare mentem — disertazione.
9. Esposizione dei pregi dello studio delle lettere greche e latine — in forma di lettera (per saggio di maturità).

c) in slovenischer Sprache.

Fünfte Classe.

1. Orandum est, ut sit mens sana in corpore sano.
2. Čast oratarju!
3. Tudi iz slabega rodi se dobro.
4. Kaj bi si želel biti?
5. Labor voluptasque, dissimillima natura, naturalem quandam inter se societatem habent.
6. Razlika med balado, romanco in pesniško pripovestjo.
7. Denar dober sluga, a slab gospodar.
8. Človeško življenje je njiva.
9. Koliko je opravičen izrek: Ubi bene, ibi patria.
10. Tibo d' Ark in Remon (značaja).

Sechste Classe.

1. Namen človeštvu in vsakemu udu človeštva je delo.
2. Quem virum sumis celebrare?
3. Slike v narodnih slovenskih pesmih.
4. Kako kaže rimska zgodovina geslo: Tu ne cede malis, sed contra audentior ito.
5. Mišljenje starih Slovanov o življenji po smrti.
6. Mladenič in mož (značaja).
7. Človek in narava. — Primera slov. in srbskih nar pesmi.
8. Jutro tvojih dni je nepopisan list. — V svojih dedihg ledajo potomci sebe.
9. Državne in pravne razmere v Ljibušinem sudu.
10. Vestonj in Vratislav (značaja).

Siebente Classe.

1. Uči te lastna pamet, izgled druzih in lastna škoda.
2. Tožba Rastislavova.
3. Staroslovenska vaja.
4. V čem je človek enak rastlini, v čem različen od nje?
5. V koji meri nam sme biti vodilo izrek: quid sit futurum cras, fuge quaerere.
6. Kaj nam podaja gimnazijski poduk lepega in zabavnega?
7. Koliko se mi je letos razširilo duševno obzorje?
8. Ex oriente lux. — Ljudevit XIV. in Justinijan (primera).
9. Svoboda in njene meje.
10. Svojo vrednost nosiš v sebi, ceno ti določujejo drugi.

Achte Classe.

1. Kaj si pripovedujejo šolske klopi?
2. Kako se kaže v Valvazorji pooseblijena doba njegova?
3. Ciceron in Qezar.
4. Zakaj prične slovenskemu slovstvu z Vodnikom nova doba?
5. Predrago plačano je znanje s srcem.
6. Kaj nas sili k delu?
7. Dobro je, da je človek otrok skrbi.
8. Zupan zanimiva oseba v našem slovstvu.
9. Slovo od gimnazije.
10. Veliki možje stoje v sedanjosti, a segajo v bodočnost (naloga pri zrelostnem izpitu).

V. Freigegenstände.

1. **Italienische Sprache** für Nichtitaliener 2 St. (Anfangscurs): Formenlehre nach *Mussafia*. Schülerzahl im 1. Sem. 34, im 2. Sem. 32. — Lehrer: Prof. *Maionica*.
2. **Slovenische Sprache** für Nichtslovenen 2 St. (2. Curs): Formenlehre beendet, dann Syntax nach Sket. Schülerzahl im 1. Sem. 8, im 2. Sem. 3. — Lehrer: Supplent Dr. *Kos*.
3. **Kalligraphie** 2 St.: Deutsche *Current-* und latein. Cursivschrift nach *Greiner's* Methode und Schreibheften. Schülerzahl im 1. Sem. 50, im 2. Sem. 44. — Lehrer Prof. *Simzig*.
4. **Stenographie** 2. St. (Anfangscurs): Wortbildung, Wort- und Satzkürzung. Schülerzahl im 1. Sem. 53, im 2. Sem. 47. — Lehrer: Prof. *Šantel*.
5. **Zeichnen** 2 St.: Das geometrische und das Flachornament nach Tafelzeichnungen mit Anschauung oder nach dem Gedächtnis, auch nach Musterblättern. Der menschliche Kopf nach vorhergegangener Besprechung der Proportionen desselben bei Vorzeichnungen auf der Tafel in Contouren eingeübt. Schülerzahl im 1. Sem. 44, im 2. Sem 31. — Lehrer Lehramtscandidat *Odilo Schaffenhauer*.
6. **Gesang** 2 St., eine mit Anfängern (Elemente), eine mit Geübteren (vierstimmige Lieder und Chöre). Schülerzahl im 1. Sem. 52, im 2. Sem. 41. — Lehrer: *A. Hribar*, Leiter der k. k. Knaben-Übungsschule.
7. **Turnen** nur in den Sommermonaten 2. St.: Ordnung- und Freiübungen, Geräthturnen. Schülerzahl: 110. — Lehrer: *A. Kuršen*.

VI. Statistische Notizen.

a) Schüler.

CLASSE	zusammen am Beginn des Schuljahres	Provenienz			Religion			Muttersprache			Lebensalter ausgedrückt in Jahren													Classification am Schlusse des zweiten Semesters							Classification im J. 1862 nach dem Ergebnis der Wiederholungsprüfungen				
		Stadt Görz	Grafschaft Görz	andere Länder	röm.-kath.	evangelisch	mosaisch	italienisch	slovenisch	deutsch	10	11	12	13	14	15	16	17	18	19	20	21	22	Vorzug	1. Classe	Interims-Zeugnis	2. Classe	3. Classe	ungeprüft	Vorzug	1. Classe	2. Classe	3. Classe	nicht entspr.	zusammen
I. A	42	16	15	8	37	1	–	32	–	7	3	9	–	4	1	–	1	–	–	–	–	–	–	3	23	2	5	6	–	4	32	8	6	–	50
I. B	50	2	40	8	50	–	–	–	49	1	–	10	18	8	3	1	–	–	–	–	–	–	–	6	31	5	5	3	–	3	19	4	1	–	27
II. A	43	14	13	15	41	–	1	31	–	11	5	6	10	8	8	3	1	1	–	–	–	–	–	3	30	3	4	2	–	2	27	7	1	–	37
II. B	22	2	11	–	20	–	–	21	–	1	–	–	2	4	3	2	–	1	–	–	–	–	–	1	16	3	–	3	–	2	17	3	–	–	22
III.	58	12	16	16	43	2	–	15	15	8	–	–	10	13	10	5	4	6	–	1	–	–	–	4	25	6	9	3	–	8	32	9	2	–	51
IV.	39	13	16	8	35	–	–	11	15	7	–	–	3	8	6	11	6	7	5	1	–	–	–	5	23	3	3	–	1	1	30	4	–	–	35
V.	50	6	15	9	28	–	2	9	12	3	–	–	–	2	3	3	7	8	5	5	1	–	–	2	23	5	2	–	1	3	25	3	–	–	31
VI.	31	6	14	11	29	–	2	9	19	3	–	–	–	–	3	5	8	4	6	5	1	2	1	5	18	4	2	–	1	4	22	2	–	–	28
VII.	27	9	15	10	27	–	2	12	13	3	–	–	–	–	–	1	4	3	7	6	5	2	1	3	18	3	1	–	1	8	14	3	1	–	25
VIII.	22	1	10	10	19	1	–	6	9	7	–	–	–	–	–	–	3	3	5	8	6	1	1	10	11	–	1	–	1	4	22	1	–	–	27
Zusamm.	369	81	165	95	329	4	8	137	151	53	3	15	28	54	46	44	44	33	28	20	20	4	2	42	218	34	31	14	2	39	240	44	10	–	333
Privatist.	1	1	–	1	1	–	–	–	–	1	–	–	–	–	–	–	–	1	–	–	–	–	–	–	1	–	–	–	–	1	1	–	–	–	2

CLASSE	Das ganze Schulgeld zahlten	halbe	Von der Zahlung befreit	Vor der Zahlung abgegangen	Das ganze Schulg. zahlten	halbe	Von der Zahlung befreit	Vor der Zahlung abgegangen	Stipendisten am Schlusse des II. Sem.	Zöglinge des f. e. Wördeabergischen Knabenseminar.		
	Öffentl. Schüler u. Privatisten im I. Semester				II. Semester							
I. A	26	—	16	—	25	—	14	3	—	—		Schulgeldbetrag: fl. 1304.—
I. B	11	—	49	—	15	—	36	9	1	—	Im ersten Semester	„ 1340.—
II. A	30	—	18	—	30	—	12	1	1	4		
II. B	3	1	18	—	5	—	15	2	2	3		Zusammen . fl. 2644.—
III.	24	2	25	2	21	2	22	6	6	6		
IV.	21	—	17	1	23	—	14	1	6	15		Stipendienbetrag im ganzen Schuljahre: fl. 5833.53
V.	14	1	14	1	16	—	14	—	3	3	zweiten	
VI.	12	2	17	—	15	2	14	1	10	9		
VII.	12	—	15	—	8	1	18	—	8	8		
VIII.	6	2	14	—	6	2	14	—	4	3		
Zusamm.	159	8	198	4	167	7	173	23	41	51	„	

c) Kasse-Gebahrung im Verwaltungsjahr 1882.

1. Regie.

Empfang vom h. Aerar für 8 Stammclassen . . . . . fl. 450.—
„   „   „   „ 2 Parallelclassen . . . . . „   60.—
Überschuss vom Jahre 1881 . . . . „ 242.58

                      Einnahme zusammen . . . fl. 752.58
Gesammtausgabe . . . . „ 590.59
                 Bleibt Überschuss pro 1883 . fl. 161.99

2. Herstellung des Programms v. J. 1882.

Ausgaben hierfür . . . . fl. 132.67

                Diese wurden gedeckt:

Durch aerar. Empfang . . . . „ 107.27
  „   Verkauf von Programmen u. Schulnachrichten . . . „   25.40
                           Zusammen fl. 132.67

3. Eigene Einnahme der Anstalt.

Aufnahmstaxen von 103 Schülern à fl. 2.10 . . . . . fl.	216.30
Lehrmittelbeiträge von 353 Schülern à fl. 1.— . . . . „	353.—
Fünf Zeugnisduplikate à fl. 1.— . . . . „	5.—
Kassarest vom Jahre 1881 . . . . „	410.08
Zusammen fl.	984.38

Hiervon Ausgaben:

für das physikalische Kabinet . . . . fl.	150.—
„ „ naturhistorische „ . . . . „	50.—
„ Erhaltung des botanischen Gartens . . . . „	50.—
„ Turngeräthe und Herstellung des Turnplatzes . . . „	12.85
„ diverse Lehrmittel und Vermehrung der Bibliotheken . „	269.22
Zusammen fl.	532.07

Gesammteinnahme . . . . fl.	984.38
Gesammtausgabe . . . . „	532.07
Bleibt Kassarest pro 1883 . . . . fl.	452.31

d) DER UNTERSTÜTZUNGSFOND.

(Graf Gyulai-Fond)

besass am Schlusse des Schuljahres 1882 nach dem Ausweise im vorjährigen Programme fl. 3700 Papierrente, fl. 100 Silberrente (R. Schneid v. Treuenfeld'sche Stiftung), ein 1860.er Los zu fl. 100, ein Sparkassebuch mit der Einlage von fl. 155 und einen baren Kassarest von fl. 3.02. Im Laufe des Schuljahres 1882—83 hatte der Fond

a) Einnahmen:

Obigen baren Kassarest . . . . fl.	3.02
Herr Regierungsrath Josef Schneid Ritter v. Treuenfeld spendete zu den bereits im Jahre 1881 geschenkten 100 fl. Silberrente noch eine solche Rente im gleichen Betrage, sodass diese Stiftung nun die Höhe von 200 fl. Silberrente erreicht hat. Die jährlichen Zinsen hiervon betrugen „	8.40
Die Zinsen der übrigen Wertpapiere . . . . „	159.40
Spende des Herrn Obersten R. v. Wiedemann . . . . . „	50.—
„ „ „ Dechant Vidic in Canale . . . . . „	3.—
Eine Sammlung in allen 10 Classen ergab:	
VIII. Edler v. Crippa, Ritter v. Gaddum, Freiherr v. Lempruch, Edler v. Luzenberger, Edler v. Marquet und Trampusch je 1 fl., Bachmann 50 kr. . . . . . . „	6.50
VII. Pontoni u. Lovisoni je 1 fl., Ritter v. Wiedemann 2 fl. „	4.—
VI. Dolschein 2 fl., Hozhevar u. Luzzatto je 1 fl., Candido, Ritter v. Flego, Morpurgo u. Nanut je 50 kr. . . . „	6.—
Vortag fl.	240.32

Übertrag fl. 240.32

V. Cesciutti, Devetak, Hlavaček, Manincor v. Freiecke, Morpurgo, Freiherr v. Pernstein, v. Pflanzer, Rossi, Pinaucig je 1 fl., Ferjančič u. Senigaglia je 50 kr. . . . „ 10.—

IV. Ritter v. Schneid u. Ritter v. Böckmann je 5 fl., Ritter v. Wiedemann 3 fl., Ritter v. Pajer 2 fl., Clement, Schobert u. Schreiber je 1 fl. . . . . „ 18.—

III. Ritter v. Liebig 5 fl., Fedrigo, Fortwängler, **Gasparini** Josef und Graziadio, Mosettig Karl, Neuwinger, **v. Peteani**, Sbisà je 1 fl., Renar 20 kr. . . . . „ 13.20

II. A Graf Coronini und Ritter v. Schneid je 5 fl., Ritter v. Pajer 2 fl., Brellich, Culot, Fortwängler, v. Millenkovič, Pantke, Sivilotti, Steinhardt, Stolfa je 1 fl., Bresca, Budau, Gortani, Marega, Obleschak, Studeni je 50 kr., Sbuelz 40 kr., Kodermatz, Senigaglia und Vergna je 30 kr. . . . . „ 24.30

II. B Jeglič, Premrou u. Toros **je 50 kr.**, Harmel u. Komavec je 20 kr. . . . . „ 1.90

I. A Mannsbarth 3 fl., v. Ritter 2 fl., Cosolo, **v.** Finetti, Lovisoni, Graf Mels je 1 fl., v. Claricini, Apollonio, Chiaruttini, Cartocci, Freiherr v. Formentini, Gurresch, **Jaschi**, Psenner, Stella, Studeni, Suppanzigh je 50 kr., **Czansky** 60 kr., Dietz 40 kr., Ballisch, Cerne u. Mreule je 20 kr. . . . . „ 16.10

I. B Florenini 1 fl., Drašček, Munih u. Zorn je **50 kr.**, Neuberger 20 kr. . . . . „ 2.70

Aufzahlung einiger Schüler zum Ankauf von Kleidungsstücken für sie sebst . . . . „ 15.25

Überrest vom Ankauf eines Kranzes, den die Schüler der sechsten Classe dem verstorbenen Octavaner v. Luzenberger auf den Sarg legten . . . . „ 1.—

Zusammen fl. 342.77

b) Ausgaben.

für Bücher sammt Einbänden . . . . fl. 59.26
Kleidungsstücke . . . . „ 191.30
Unterstützungen in Barem . . . . „ 18.—

Zusammen fl. 268.56

c) Bilanz.

Summe der Einnahmen . . . . fl. 342.77
„ „ Ausgaben . . . . „ 268.56
Bleibt Überschuss für das Schuljahr 1883-84 . . . . fl. 74.21

Der Unterstützungsfond besitzt sonach bei Abschluss des Schuljahres 3700 fl. Papierrente, 200 fl. Silberrente (R. v. Schneid-Treuenfeld'sche Stiftung), ein 1860.er Los zu 100 fl., ein Sparkassebuch mit der Einlage von 155 fl. und den oben ausgewiesenen baren Kassarest von fl. 74.21.

Die Schulbüchersammlung des Fonds erhielt einen Zuwachs von 116 Bänden wovon 56 neu angekauft, 60 geschenkt wurden und zwar 3 Bände vom Verlage Hölder in Wien, 3 von der Witwe v. Knobelsdorf, 41 von den Abiturienten Bramo, Graf Coronini, Ritter v. Jenny, Freiherr v. Lempruch, Trampusch, die übrigen von den Gymnasialschülern Ritt. v. Böckmann, Fedrigo, v. Finetti, Fortwängler Hans, den beiden Gasparini, Heim, v. Millenković und Mosettig Karl.

Die Sammlung zählt jetzt im Ganzen 641 Schulbücher, die zu zeitweiligem Gebrauche an unbemittelte Schüler verliehen werden. Einzelne Gymnasiasten erhielten die Kost in hiesigen Klöstern und bei wohlhabenden Familien der Stadt. Mehrere Schüler wurden im Falle einer Erkrankung von hiesigen Ärzten unentgeltlich behandelt. Für alle diese Spenden und Acte der Wohlthätigkeit spricht der Berichterstatter im Namen der Anstalt, sowie der unterstützten Schüler hiermit den wärmsten Dank aus.

VII. Zuwachs der Lehrmittelsammlungen.

1. Lehrerbibliothek.

a) durch Ankauf:

Zeitschrift für die österr. Gymnasien, 34. Jahrg. 1883. — Verordnungsblatt des k. k. Ministeriums für C. u. U. 1883. — Mittheilungen der geographischen Gesellschaft in Wien, 26. Bd. 1883. — Petermanns geographische Mittheilungen, 29. Bd. nebst Ergänzungsheften. — Hallier, Flora von Deutschland, Lief. 63-88. — Zeitschrift für Schulgeographie, IV. Jahrg. Wien 1883. — Kres, Leposloven in znanstven list, III. Jahrg. 1883. — Zeitschrift für angewandte Elektrizitätslehre, München-Leipzig, V. Bd. — Erstes österr.-ungar. Lehr- und Lernmittel-Magazin, I. Jahrg. 1883. — Ritter's geographisch-statistisches Lexikon. Leipz. 1883. Ortschaften-Verzeichnis der im Reichsrathe vertretenen Königreiche und Länder. 1882.

b) durch Schenkung:

Vom k. k. Ministerium f. C. u. U.: Österr. botanische Zeitschrift, Jahrg. 1882. — Vindobona, Festblatt herausgegeben vom Schriftstellerverein „Concordia", Wien, 5 Exempl.

Vom hiesigen Stadtmagistrat: Luzzatto, Rapporto sanitario del Comune di Gorizia, annata VII.

Vom Herrn Dr. G. Lindner dessen Lehrbuch der empirischen Psychologie.

Vom Custos der Lehrerbibliothek: Kummer & Stejskal, deutsches Lesebuch für österr. Gymnasien, I u. V Bd.

Vom Verlage Kleinmayr in Laibach: Heinrich, Grammatik der deutschen Sprache. 5. Aufl.

Vom Verlage Alf. Hoelder in Wien: Letture italiane per le classi inferiori delle scuole medie, 4 Bde. — Hauler, Lateinische Stilübungen für die VIII. Classe. — Egger, deutsches Lesebuch für die I u. IV Classe österr. Gymn.
Vom Verlage Bermann u. Altmann in Wien: Ovidii carmina selecta mit Anmerk. von Gehlen u. Schmidt, 2 Exempl.
Vom Verlage F. Tempsky in Prag: Kaltner, Kirchengeschichte. — Frind, Kathol. Apologetik. — Pokorny-Rosicky, Botanik. — Tomek, Geschichte des österr. Kaiserstaates.
Vom Verlage A. Pichler's Wittwe u. Sohn in Wien: Schmidl, Geschichte des Alterthums u. d. Mittelalters.
Vom Verlage K. Graeser in Wien: Miklošič, Slovensko berilo za osmi gimn. razred, druga izdaja.
Vom Verlage Schworella u. Heick in Wien: Goldbacher, Lateinische Grammatik sammt Übungsbuch.

2. Schülerbibliothek.

a) durch Ankauf:

Globus, Illustr. Zeitschrift, Jahrg. 1883. — Über Land und Meer, illustr. Zeitung, Jahrg. 1883. — Vrtec, časopis, Jahrg. 1883. — Ljubljanski Zvon, III. Jahrg. 1883. — Alte und neue Welt, illustr. kath. Familienblatt, 17 Jahrg. 1883. — Hofmann, Neuer deutscher Jugendfreund pro 1882. — Die Druckschriften des Mahori-Vereins und der Slovenska Matica. — Swida, Krain, Küstenland und Dalmatien. — Aus Hölders geograph. Jugendbibliothek N. 13 u. 14. — Aus F. Hofmanns Jugendbibliothek 9 Bdchen. — Oertel, Rudolf von Habsburg. — Berger, Österreichs geschichtliche Jubiläumstage in den Jahren 1882 und 1883.

b) durch Schenkung:

Vom k. k. Ministerium für C. u. U. Österreichische Geschichte für das Volk, Bd. VII, VIII, X.
Vom ehemaligen Gymnasialschüler F. Kogoj: Moshamer, Zeitspiegel. —

F. Simzig, Custos.

3. Geographisches Cabinet.

durch Ankauf:

J. Langl, Bilder zur Geschichte, III. Serie mit erklärendem Texte. Acht Rahmen zu den Langl'schen Bildern.
Tableau in Farbendruck mit dem österreichischen Reichswappen, den Wappen der einzelnen Kronländer u. s. w.

K. Linke, Custos.

Physikalisches Cabinet.

a) Geschenke:

1) Modell einer Stampfmühle bestimmt für den Betrieb durch eine bereits vorhandene Dampfmaschine; 2) Apparat nach Frik zum bequemen Zerschneiden weiter Glasröhren; beide verfertigt und gespendet vom Septimaner Lovisoni Vulmar; 3) Ein Stehschirm für optische Projectionen, vom Septimaner Adolf Ritter v. Wiedemann.

b) Ankäufe:

4) Schiefe Ebene für schiefen und horizontalen Zug. 5) Modell einer Quecksilber-Luftpumpe nach Töpler. 6) Thermosäule nach Rzebicek. 7) Incandescenslampe nach Edison. 8) Fünf gemalte Bilder für das Sciopticum.

Mehrere mangelhafte oder beschädigte Apparate wurden über eigenes Anerbieten von den Schülern Lovisoni aus d. VII. und R. von Marquet a. d. VIII. mit anerkennenswerter Geschicklichkeit restauriert, welche nebst v Luzenberger und Baron Lempruch a. d. VIII. auch unterzeichneten Custos bei mühevolleren Arbeiten recht wirksam unterstützten.

A. Šantel, Custos.

5. Naturhistorisches Cabinet.

a) durch Ankauf:

Vier Blumenmodelle aus Papiermaché. — Buteo vulgaris, Circus rufus, C. cineraicus, Falco subbuteo, F. nisus, Strix brachyotus, S. scops, Fuligula clangula.

b) durch Schenkung

Pyrit aus der Umgebung von Kirchheim von J. Sedej, Schüler der VII. Classe. — Weissbleierz von Raibl von A. Zavertanik, Schüler der VI. Classe. — Psitacus lory, Sandstein von Delhi aus Indien, vom Grafen K. Coronini. — Vipera amodytes von K. Harmel. — Korallenstock von M. Marega. — Cocosnuss, Haliotis Iris, Cypraea tigris, sechs andere Conchilien und zwei Korallenzweige von J. v. Pallich. — Zwei Stück Eisenblüte von Steinhardt, Schülern der II. Classe. — Marmor aus der Umgebung von Haidenschaft von A. Dietz, Carneol in Linsenform geschliffen von M. Garbun, Anguis fragilis von S. Lozej, Scorpio europaeus von F. Mannsbarth, Erinaceus europaeus von A. Pregelj, Schülern der I. Classe. Ueberdies haben Schüler beider Abtheilungen der I. Classe zahlreiche Insecten gespendet.

M. Lazar, Custos.

6. Botanischer Garten.

Theils durch Ankauf theils durch Schenkung erhielt die Anpflanzung einen namhaften Zuwachs. — Vom Herrn Joh. Petrasch, k. k. Hofgärtner im botanischen Garten in Graz, wurde eine Parthie Sämereien eingesendet. Schuldiener M. Kaffau sowie mehrere Schüler der Anstalt brachten bei Gelegenheit der Ausflüge zahlreiche lebende Pflanzen aus entfernteren Orten der Umgebung.

M. Lazar, Custos.

7. Münz- und Antiquitätensammlung.

Acht Silbermünzen, vom Schuldiener J. Vogrič, von Schüler J. Sedej und einem Ungenannten; 64 Kupfermünzen, darunter 25 antike römische von verschiedenen Schülern der unteren Classen.

M. Lazar, Custos.

VIII. Maturitätsprüfung.

Zur Ablegung dieser Prüfung meldeten sich alle 21 Schüler der heurigen Octava und einer, welcher seine Gymnasialstudien schon im vorigen Schuljahre absolviert hatte.

Diese 22 Maturanten erhielten zur schriftlichen Bearbeitung folgende Themata:

1. Deutscher Aufsatz
   Welche Vortheile u. Annehmlichkeiten haben die Küstenbewohner von der Nähe des Meeres?
2. Übersetzung aus dem Lateinischen in's Deutsche: Cicero's Rede für den Dichter Archias cap. 6. Quaeres a nobis, Grati.... (ganz)
3. Übersetzung aus dem Deutschen in's Lateinische: Sypfle's Stilübungen II. Thl. N. 206. Apoll's Ausspruch: „Erkenne dich selbst."
4. Übersetzung aus dem Griechischen in's Deutsche. Platon's Gorgias cap. 79. $Ἄκουε\ δή$ — $τεθνεῶτας\ γὰρ\ δεῖ\ κρίνεσθαι$.
5. Italienischer Aufsatz für sieben Schüler italienischer Zunge: Esporre i pregi dello studio delle lettere greche e latine. Lettera ad un amico.
6. Slovenischer Aufsatz für acht Slovenen: Veliki možje stoje v sedanjosti, a segajo v bodoč nost.
7. Mathematische Aufgaben:
   a) Nach den Schätzungen der Astronomen beträgt die Zahl der Sterne jeder Grössenclasse bis einschliesslich zur sechsten ungefähr das Dreifache von der Anzahl der Sterne der vorhergehenden Classe. Wenn nun die Anzahl der Sterne erster Grösse 18 beträgt, wie lässt sich nach diesem Gesetze die Anzahl derjenigen Sterne berechnen, die in unseren stärksten Fernröhren sichtbar sind, wenn die 14. Classe die äusserste Grenze der Kraft dieser Instrumente bezeichnet?
   b) Von einem Punkte A bis zu einem anderen Punkte C soll eine gerade Mauer aufgeführt werden. Da durch ein erst abzutragendes Gemäuer die directe Messung der Entfernung AC unmöglich ge-

macht ist und ein Winkelmessungs-Instrument fehlt, so wählt man zwei Hilfspunkte B links und D rechts von der Linie AC und findet mittels der Messschnur: $AB = 17$ m, $AD = 19$ m, $BC = 14$ m, $DC = 15$ m, endlich die Diagonale $BD = 16$ m. Wie gross ist die Entfernung AC?

c) Die Axe eines schiefen Kegels, gegen die Grundfläche unter $75^\circ 24'$ geneigt, misst 28^{cm}, der Halbmesser der Grundfläche 11^{cm}; wie hoch ist ein Cylinder von gleichem Volumen, dessen Grundfläche eine Ellipse von 12^{cm} Länge und 7^{cm} Breite ist?

Die mündliche Maturitätsprüfung wurde in der Zeit vom 16.—19. Juli unter dem Vorsitze des Herrn Landesschulinspectors Dr. Ritter v. *Gnad* abgehalten. Das Ergebnis derselben war ein sehr günstiges, da sämmtliche Schüler der heurigen Octava für „*reif*" erklärt werden konnten, darunter folgende sieben *mit Auszeichnung*: Friedrich Edler v. Crippa, Mathias Fabijan, Franz Geiger, Johann Kafol, Karl Freiherr v. Lempruch, Franz Pavletič und Franz Žigon. Der Octavaner vom vorigen Schuljahre wurde auf ein Jahr reprobiert. Von den approbierten Maturanten gedenken sich 2 der Theologie, 12 der Jurisprudenz, 4 der Medicin, 2 dem Militär, 1 der orientalischen Akademie zuzuwenden.

IX. Chronik.

Im Laufe der letzten Hauptferien hatte die Stadt Görz das hohe Glück, von S. Majestät dem Kaiser mit einem kurzen Besuche beehrt zu werden. Der erlauchte Monarch berührte Görz auf Allerhöchstseiner Reise von Klagenfurt nach Triest u. geruhte hier vom 12. bis 14. September zu verweilen. Da die studierende Jugend zu dieser Zeit noch Ferien hatte, so fand eine corporative Betheiligung derselben an dem festlichen Empfange S. Majestät nicht statt, wohl aber befand sich der Berichterstatter als Vertreter des Staatsgymnasiums unter jenen Persönlichkeiten, welche vor dem Allerhöchsten Hoflager zur Begrüssung des Kaisers eingefunden hatten, sowie ihm auch die Ehre zutheil ward, zugleich mit dem Beamtenpersonale von S. Majestät in Audienz empfangen und einer huldvollen Ansprache gewürdigt zu werden.

Im Lehrpersonale der Anstalt trat mit Beginn des Schuljahres nur die eine Änderung ein, dass der Supplent *Franz Roch* auf seinen Posten resignierte, um eine am Gymnasium in Baden bei Wien ihm angetragene Supplentur zu übernehmen. An seine Stelle wurde der Supplent *Franz Metzler* wieder einberufen, der schon im ersten Semester des früheren Schuljahres an dieser Anstalt in Verwendung gestanden, im zweiten Semester aber an die hiesige Oberrealschule zur Aushilfe übergetreten war.

Am 7. November unternahmen die Schüler des Gymnasiums zugleich mit denen der hiesigen Realschule unter Führung der beiden Directoren und unter Aufsicht mehrerer Professoren einen Ausflug nach Triest, um die dortige Industrie-Ausstellung zu besichtigen. Auf gütige Verwendung des Herrn Hofrathes Ritter v. *Rinaldini* war den Schülern eine bedeutende Ermässigung des Eintrittspreises bewilligt, überdies auch dafür gesorgt worden, dass denselben von der Restauration *Schreiner* ein gutes und reichliches Mittagbrod um billigen Preis verabreicht wurde. Den Fahrpreis hatte die Generaldirection der Südbahn für die Hin- und Rückfahrt auf einen Gulden per Kopf ermässigt. So war auch den ärmeren Schülern die Möglichkeit geboten, an einem recht interessanten Ausfluge theilzunehmen und bei dem reichhaltigen Besichtigungsmateriale und entsprechender anregender Belehrung durch die sie überallhin begleitenden Professoren viel Neues und Wissenswertes kennen zu lernen. Für viele der Schüler war ja übrigens schon die Eisenbahnfahrt, der Anblick des Meeres und eines grösseren Hafens, das bewegte Leben einer Grossstadt etwas ganz Neues, daher ihr lebhaftes Interesse erregend.

Der 17. März war für die Erzdiöcese Görz ein Trauertag. An diesem Tage verlor sie ihren allverehrten Oberhirten, den hochwürdigsten Fürsterzbischof Excellenz Dr. *Andreas Gollmayr*, der in dem hohen Alter von 85 Jahren nach kurzer Krankheit aus seinem segensreichen Wirken abberufen wurde. Bei dem am Dienstage in der Charwoche stattfindenden feierlichen Begräbnis des Metropoliten reihte sich auch die Gymnasialjugend mit ihrem Lehrkörper in den Trauerzug ein und brachte ihre pietätsvolle Stimmung in angemessener Haltung zum Ausdruck.

Am 30. Mai raffte der Tod einen braven Schüler der Anstalt, den Octavaner *Alexander v. Luzenberger*, kurz vor Abschluss seiner Gymnasialstudien hinweg. Ein typhöses Fieber hatte seinem Leben nach kurzem Krankenlager ein frühes Ende bereitet. Dieser jähe Todesfall traf wie seine nächsten Angehörigen, so auch seine Lehrer und Mitschüler wie ein Schlag aus heiterem Himmel, und die allgemeine Trauer um den lieben Kameraden rang bei dessen Leichenfeier, an der sich die ganze Anstalt *in corpore* betheiligte, durch Kranzspenden und andere Beweise treuer Anhänglichkeit nach sichtbarem Ausdruck.

Von Unterbrechungen in der Lehrthätigkeit einzelner Professoren blieb die Anstalt auch im abgelaufenen Schuljahre nicht gänzlich verschont. Im Laufe des ersten Semesters war Professor *Nussbaumer* durch einen Scharlachfall in seiner Familie genöthigt, vierzehn Tage lang dem Unterrichte fern zu bleiben, da der Gefahr der Weiterverbreitung dieser ansteckenden Krankheit vorgebeugt werden musste. Im April erkrankte Supplent *Novak* und war durch anderthalb Wochen genöthigt das Bett zu hüten. Im zweiten Semester unmittelbar nach den Pfingstfeiertagen wurde Professor *Jenko* von einer hochgradigen Heiserkeit heimgesucht, die ihn Wochen lang an der Ausübung seiner Lehrthätigkeit hinderte. In allen diesen Fällen übernahmen der Director und einzelne Collegen die zeitweilige Vertretung.

Bei der studierenden Jugend waren die Gesundheitsverhältnisse im Ganzen nicht ungünstig; nur im letzten Monate (Juli) erkrankte in Folge äusserst belästigender Hitze eine nicht unbeträchtliche Zahl von Schülern, denen dann auf Grund ärztlicher Zeugnisse vorzeitig Urlaub ertheilt werden musste. Es ist aus sanitären und didaktischen Gründen recht bedauerlich, dass nach der für Görz geltenden Ferienordnung gerade der heisseste Monat des Jahres in seiner ganzen Dauer der Unterrichtsthätigkeit zufällt.

Vom 11.—16. April inspicierte Herr Landesschulinspector Dr. *Ernst Ritter v. Gnad* die Anstalt und wohnte dem Unterrichte in allen Classen und Gegenständen bei. Nach Abschluss der Inspection wurde unter seinem Vorsitze die übliche Conferenz gehalten, in welcher der Inspector Gelegenheit nahm, über die sittliche Haltung der Schüler und den geregelten Unterrichtsgang sich anerkennend auszusprechen.

Die Maturitätsprüfung fiel ihrem schriftlichen Theile nach in die dritte Juni-Woche, die mündliche in die Zeit vom 16.—19. Juli. Über dieselbe wurde an anderer Stelle eingehender berichtet.

X. Behördliche Verordnungen.

1. Verordnung des k. k. Ministeriums f. C. u. U. vom 28. November 1882 Zl. 20416, womit Weisungen bezüglich der Lehrfächer-Vertheilung und des Aufgabenwesens ertheilt werden.
2. Erlass desselben Ministeriums vom 26. März 1883 Zl. 5485, womit gleiche Abkürzungs-Zeichen für die metrischen Mass- u. Gewichtsgrössen in den Schulen eingeführt werden.

XI. Kundmachung

bezüglich des Schuljahres 1883-84.

Das Schuljahr 1883-84 beginnt am 1. October mit dem Heil. Geist-Amte. Die Aufnahme in die Anstalt findet in den letzten Tagen des Monates September von 9—12 und von 2—4 Uhr in der Directions-Kanzlei statt.

Jene Knaben, *welche die Aufnahme in die I. Classe nachsuchen*, haben an einem der Tage vom 28.—30. September in Begleitung ihrer Eltern oder deren Stellvertreter zu erscheinen. *unbedingt den Tauf- oder Geburtsschein*, ferner, wenn sie eine öffentliche Volksschule besucht haben, ein von dieser Schule ausgestelltes Frequentationszeugnis beizubringen und 2 fl. 10 kr. als Aufnahmstaxe und 1 fl. als Lehrmittelbeitrag zu erlegen. Die Aufnahme hängt von dem Erfolge einer schriftlichen und mündlichen Aufnahmsprüfung ab, bei welcher die Schüler darzulegen haben: Jenes Mass von Wissen in der Religion, welches in den ersten vier Jahrescursen der Volksschule erworben werden kann, Fertigkeit im Lesen und Schreiben der deutschen Sprache als Unterrichtssprache des Gymnasiums, Kenntnis der Elemente aus der Formenlehre dieser Sprache, Fertigkeit im Analysieren einfacher bekleideter Sätze, Bekanntschaft mit den Regeln der Orthographie und Interpunktion und richtige Anwendung derselben beim Dictandoschreiben, Uebung in den vier Grundrechnungsarten in ganzen Zahlen. — Die schriftliche

Prüfung wird am 1. October vormittag, die mündliche nachmittag und am 2. October abgehalten werden. — Schüler, denen wegen nicht bestandener Aufnahmsprüfung die Aufnahme verweigert wird, erhalten die erlegten Geldbeträge zurück.

Schüler, *welche bisher der Lehranstalt angehörten*, haben sich bis spätestens 30. September unter Erlag von 1 fl. als Lehrmittelbeitrag beim Director anzumelden. — Die Wiederholungsprüfungen finden am 28. und 29. September statt.

Schüler, *welche von anderen Gymnasien an das hiesige übertreten*, haben nebst den Zeugnissen über die beiden Semester des Schuljahres 1882-83 den **Tauf-** oder Geburtsschein beizubringen **und die** Aufnahmstaxe sammt **dem** Lehrmittelbeitrage zu erlegen.

Das **Schulgeld** beträgt halbjährig 8 fl. und ist für das **erste Semester** im Jänner, für das zweite im Mai zu erlegen. — Öffentliche Schüler **haben** Anspruch auf ganze oder halbe Befreiung **von der** Entrichtung des Schulgeldes, wenn sie a) im letztverflossenen Semester in den Sitten die Note „musterhaft" oder „lobenswert," im Fleisse die Note „ausdauernd" oder „befriedigend" und mindestens die allgemeine erste Zeugnisclasse sich erworben haben; b) wenn sowohl sie selbst als auch diejenigen, welche die Obliegenheit haben, sie zu erhalten, wahrhaft dürftig, d. h. deren Vermögensverhältnisse so beschränkt sind, dass ihnen die Bestreitung des Schulgeldes nicht ohne die empfindlichsten Entbehrungen möglich sein würde. — Um **die Befreiung** von der Schulgeldzahlung zu erlangen, haben die Schüler **ein an den** hochlöblichen k. k. Landesschulrath für Görz gerichtetes, mit **dem** Zeugnisse über das letzte Semester und dem Vermögensausweise **belegtes** Gesuch bei der Direction zu überreichen. Der Vermögensausweis **ist** von dem Gemeindevorsteher und dem Ortsseelsorger auszustellen und darf **bei** der Überreichung nicht vor mehr als einem Jahre ausgefertigt worden sein, er hat eine umständliche Darlegung der Vermögensverhältnisse zu enthalten. — Schüler der ersten Classe können erst im II. Semester um Befreiung von der Schulgeldzahlung ansuchen, ausser wenn sie im letztverflossenen Jahre eine mit einer Staatsmittelschule verbundene Vorbereitungsclasse oder die hiesige k. k. Knaben-Übungsschule besucht haben.

Notificazione

per l' apertura dell' anno scolastico 1883-84.

L'anno scolastico 1883-84 s'apre il 1. ottobre colla solenne invocazione dello S. S. L'iscrizione degli studenti ha luogo nell' Uffizio della Direzione negli ultimi giorni del settembre dalle 9 fino a mezzodì, e dalle 2 alle 4 pom.

I giovinetti, *che chiedono l' ammissione nella I. Classe*, compariranno nei giorni dal 28 fino al 30 settembre accompagnati dai loro genitori o dai rappresentanti di questi, muniti *indispensabilmente* della fede di nascita, ed avendo frequentato una pubblica scuola popolare, di un attestato di frequentazione rilasciato dalla medesima, o verseranno la tassa d'ammissione di f. 2. soldi 10, di più 1 fl. a titolo di contribuzione per oggetti d'insegnamento. L'ammissione dipende dal successo d'un esame a voce ed in iscritto, col quale gli scolari avranno a comprovare: di sapere di religione quel tanto che si può apprendere nei primi quattro corsi di una scuola popolare: di saper leggere e scrivere speditamente in tedesco, che è la lingua d'insegnamento del Ginnasio; di conoscere gli elementi della teoria delle forme di quest' idioma, posseder franchezza nell'analizzare proposizioni semplici; sapere le regole dell' ortografia e dell' interpunzione, e farne la debita applicazione nello scrivere sotto dettatura; essere esercitati nelle 4 operazioni con numeri interi. — L'esame in iscritto si terrà l'1 ottobre nelle ore antimeridiane, quello a voce il 2 ottobre. — Vengono restituiti gli importi versati, a coloro, che per non aver sostenuto l'esame a soddisfazione non possono venire ammessi.

Quegli scolari *che di già appartengono al Ginnasio*, si presenteranno al direttore alla più lunga entro il dì **30** settembre, versando un fiorino a titolo di contribuzione per oggetti d'insegnamento. Gli esami di riparazione si terranno li 28 e 29 settembre.

Chi *da altri Ginnasi passa a questo*, presenterà gli attestati semestrali dell'anno scolastico 1882-83 unitamente alla fede di nascita, e soddisferà sì alla tassa d'ammissione, che alla contribuzione per oggetti d'insegnamento.

La tassa scolastica ammonta a fior. 8 il semestre, e deve venir versata pel 1. semestre entro gennaio, pel 2. entro il mese di maggio. Possono aspirare all'esenzione totale o parziale gli studenti pubblici, che: a) nel precedente ultimo semestre abbiano riportato nel contegno la classe di *esemplare* o *lodevole*, nell' applicazione quella di *assidua* o *soddisfacente* e nel profitto almeno la prima classe complessiva, b) sieno tanto eglino stessi, quanto coloro cui incombe l'obbligo di mantenergli, veramente bisognosi, cioè posti in tali strettezze da non poter sottostare al pagamento della tassa senza con ciò imporsi delle dure privazioni. Per ottenere l'esenzione i petenti produrranno alla direzione del Ginnasio le proprie istanze dirette all'eccelso i. r. Consiglio scolastico provinciale della contea di Gorizia e Gradisca, corredate dall'ultimo attestato semestrale, e dal prospetto delle rendite loro o delle rispettive famiglie. Questo prospetto dovrà venire esteso dal podestà e dal curato del luogo, e non essere stato rilasciato più d'un anno prima della presentazione: il parere contenuto in esso intorno ai proventi summentovati dovrà **essere** ragionato e particolareggiato. Gli scolari della classe I. **non** possono aspirare all'esenzione se non nel 2. **semestre** a meno che non abbiano **frequentato nell'anno precedente un corso preparatorio** istituito **presso una i. r. scuola media, o la i. r. scuola di pratica in loco.**

Naznanilo

Zastran šolskega leta 1883-84.

Šolsko leto 1883-84 **začne** se 1. oktobra se slovesno sv. mašo in nazivanjem sv. duha. Učenci se sprejemajo v ravnateljevej pisarni zadnje dni mesca septembra od 9—12 ure predpoldne, in od 2—4 ure popoldne.

Vsak učenec, *ki prosi sprejema v I. razred*, ima priti enega izmed dnij od 28.—30. septembra spremljan od svojih starišev ali jih namestnikov in prinesti *brezpogojno* krstni ali rojstni list in ako je hodil v ljudsko šolo, obiskovanjsko spričevalo te šole; tudi je treba plačati 2 fl. 10 kr. sprejemnine in 1 fl. kot donesek za učne pomočke. Sprejem odvisi od vspeha pismene in ustmene sprejemne škušnje, pri kteri se tirja od učenca: iz veronauka toliko, kolikor je treba znati v prvih štirih razredih narodne šole; iz nemščine, kot učnega jezika na gimnaziji, ročno branje in pisanje, prvi začetki v oblikoslovji tega jezika, ročnost v analiziranji prostih stavkov, znanje pravopisnih pravil, prepon in jih rabe v diktandi: vajenost v prvih štirih poglavitnih računih. Pismena skušnja bode 1. oktobra dopoldne, ustna pa popoldne in 2. oktobra. — Učencem, ki skušnje niso z dobrim vspehom naredili in se torej ne morejo sprejeti, se vplačani denar vrne.

Dosedanji učenci zavoda se oglašajo najkasneje do 30. septembra in plačajo pri tej priliki vsak po 1 fl. kot donesek za učne pomočke.— Popravljavne škušnje bodo 28. in 29. septembra.

Učenci, *ki prestopijo od drugih gimnazij na tukajšnjo*, morajo razun spričeval obeh tečajev solskega leta 1882-83 prinesti krstni ali rojstni list in zraven sprejemnine tudi donesek za knjižnico plačati.

Šolnina znaša za pol leta 8 f. in se mora plačati za prvi semester mesca januarija, za drugi semester tekom mesca maja. Javni učenci smejo prositi popolnega ali polovičnega oprošćenja, toda postava veleva, a) da morajo imeti za poslednji semester v nravnosti „vzgledno" ali „hvale vredno" v marljivosti „stanovitno" ali „ugodno" in da je spričevalo najmanj prvega splošnega reda. b) da smejo prositi, ako so sami in tudi oni, ki imajo za nje skerbeti, tako revni, da bi vsled plačevanja šolnine morali občutljivo pomanjkanje trpeti. Pismene prošnje na visoki c. k. deželni šolski svet v Gorici, se imajo izročiti ob določenem časi gimnazijskemu ravnateljstvu; prošnji treba pridjati šolsko spričevalo zadnjega semestra in izkaz premoženja, ki mora biti podpisan od župana in duhovnega oskrbnika dotičnega kraja. V izkazu imajo biti razmere premoženja natanko razjasnene, tudi ne sme biti več ko leto dnij star. — Učenci I. razreda smejo še le v drugem semestru oprošćenja prositi, ako niso obiskovali prešnje leto pripravljavnega razreda, zvezanega s kako državno srednjo šolo, ali tukajšnjo c. k. vadnico.

XII. Location
der zur Versetzung reif befundenen Schüler.

(Die Namen der Vorzugsschüler sind mit fetten Lettern gedruckt, die der Zöglinge des f. e. Werdenberg'schen Knabenseminars mit einem * versehen).

Erste A Classe.

1. **Mannsbarth Friedrich aus Wien.**
2. **v. Ritter-Záhony Edgar aus Görz.**
3. **Gurresch Richard aus Görz.**
4. Leban Anton aus Monfalcone.
5. Cerne Franz aus Görz.
6. Madotto Veit aus Osseaco bei Udine.
7. Stella Josef aus Gradisca.
8. Graf Mels-Colloredo Egon aus Görz.
9. Corsig Clemens aus Görz.
10. Kovačič Franz aus Görz.
11. Raccolin Johann aus Gradisca.
12. v. Finetti Hektor aus Bruma.
13. Psenner Siegmund aus Görz.
14. Caissutti Alfred aus Cormons.
15. Cartocci Heinrich aus Palmanuova.
16. Piontkowsky Josef aus Görz.
17. Cosolo Pyrrhus aus Fogliano.
18. Lovisoni Johann aus Cervignano.
19. Veniga Johann aus Cormons.
20. Castellitz Johann aus Görz.
21. Suppanzigh Johann aus Görz.
22. Ballisch Hippolyt aus Cormons.
23. Pettarin Alois aus St. Lorenzo.
24. Dietz Justus aus Podgora.
25. Jaeoncig Johann aus Cormons,
26. Gregorig Anton aus Görz.

Erste B Classe.

1. **Zorn Josef aus Prvačina.**
2. **Pacher Johann aus Flitsch.**
3. Šonc Heinrich aus Tomaj.
4. Faganel Josef aus Prvačina.
5. Winkler Josef aus Lokva.
6. Dietz Anton aus Šturije in Krain.
7. Gabrijelčič Anton aus Gorenjavas.
8. Delkin Benedikt aus Görz.

9. Macarol Josef aus Križ.
10. Koršič Johann aus Salcano.
11. Tušar Franz aus Prvačina.
12. Munih Michael aus Idria bei Bača.
13. Benigar Alexander aus Povir.
14. Bekar Leopold aus Sessana.
15. Logar Josef aus Canale.
16. Lašič Andreas aus Renče.
17. Batič Anton aus Haidenschaft.
18. Kalin Thomas aus Haidenschaft.
19. Florenini Ludwig aus Haidenschaft.
20. Jug Andreas aus Kozaršče.
21. Neuberger Hermann aus Prestranek in Krain.
22. Vertovec Josef aus Podraga in Krain.
23. Klanjšček Franz aus St. Florian.
24. Simčič Ferdinand aus Medana.
25. Pregelj Andreas aus Lom.
26. Fabijani Vladimir aus Laibach.
27. Blažko Alfons aus Lokavec.
28. Fabijan Leopold aus Birse.
29. Dominiko Nikolaus aus Pevma.
30. Garbun Michael aus Canale.
31. Kriznič Johann aus Gorenjavas.
32. Cingerli Anton aus St. André.
33. Tribušon Alois aus Merna.
34. Perhavec Albin aus Wippach.
35. Lupinec Anton aus Pevma.
36. Černe Peter aus Salcano.
37. Cigoj Josef aus Malovše.

Zweite A Classe.

1. *Jurig Johann aus Medana.
2. Pantke Victor aus Wien.
3. *Klinz Jakob aus Görz.
4. Graf Coronini Karl aus Görz.
5. *Geat Anton aus Bruma.
6. Fortwängler Johann aus Hietzing bei Wien.
7. R. v. Schneid Albin aus Wien.
8. Klede Wilhelm aus Cormons.
9. Brelich Higinius aus Fiume.
10. Resen Alois aus Görz.
11. Marega Marcus aus Bruma.
12. Culot Josef aus Görz.
13. Vergna Karl aus Farra.
14. Obleschak Johann aus St. Veit in Kärnten.
15. v. Millenković Benno aus Gonobitz in Steiermark.
16. *Donda Achilles aus Cormons.
17. R. v. Pajer Benvenuto aus Görz.
18. Hurdalek Karl aus Triest.
19. Graf Mels-Colloredo Liabordo aus Görz.

20. v. Pallich Johann aus Batuje.
21. Mugnone Gustav aus Mailand.
22. Gortani Pompeius aus Terzo.
23. Sbuelz Roman aus Triest.
24. Kodermatz Clemens aus Capodistria.
25. Mreule Engel aus Farra.
26. Senegaglia Gilbert aus Görz.
27. Grudina Josef aus Dolegna.
28. Budau Emil aus Bruma.
29. Steinhardt Emil aus Triest.
30. Unterkircher Rudolf aus Komen.
31. Gressič Karl aus Görz.
32. Bresca Valentin aus Görz.
33. Kren Johann aus Triest.

Zweite B Classe.

1. Merljak Franz aus Renče.
2. Pezdič Anton aus Permani bei Castua.
3. *Makarovič Johann aus Bodrež.
4. Komavec Josef aus St. André bei Görz.
5. Jeglič Max aus Görz.
6. Kovačič Felix aus St. Lucia.
7. Hrovatin Max aus Wippach.
8. Firlinger Friedrich aus Kunstadt in Mähren.
9. Zavnik Engel aus Bilje.
10. Toros Franz aus Medana.
11. Harmel Karl aus Idria.
12. *Štrekelj Ludwig aus Gorjansko.
13. Pavlin Alois aus Wippach.
14. *Furlani Alois aus Prvačina.
15. Kavčič Johann aus Breznica in Krain.
16. Piščanec Johann aus Skopo.
17. Berger Anton aus Trnovo.

Dritte Classe.

1. *Mosettig Johann aus Monfalcone.
2. Gentilli Hugo aus Görz.
3. Kafol Josef aus Čepovan.
4. *Grilanc Josef aus Sales.
5. v. Peteani-Steinberg Gustav aus Görz.
6. Pavlin Franz aus Wippach.
7. *Moretti Dominik aus Cormons.
8. Trevisan Josef aus Cattaro.
9. Neuwinger Eduard aus Wurzelsdorf in Böhmen.
10. *Galant Franz aus Gradisca.
11. *Forchiassin Emil aus Lucinico.
12. Pegan Alois auf Wippach.
13. Hvala Josef aus Vitovlje.
14. Pirjevec Peter aus Sessana.

15. Glessig Marius aus Görz.
16. v. Milost Silvius aus Görz.
17. Milič Attilius aus Pola.
18. Fortwängler Casimir aus Hietzing bei Wien.
19. Poljšak Anton aus Gradiše.
20. R. v. Liebig Franz aus Dörfl bei Reichenberg.
21. Planiscig Augustin aus Görz.
22. Gasparini Josef aus Görz.
23. Niessner Max aus Linz.
24. Dovgan Johann aus Sembije.
25. Blažko Alois aus Lokavec.
26. Degani Albrecht aus Gradisca.
27. Renar Anton aus Tomaj.
28. Velicogna Isidor aus Görz.
29. Luin Anton aus Gabrovica.

Vierte Classe.

1. *Kostanjevec Max. aus Wippach.
2. Clement Heinrich aus Görz.
3. *Vuga Alois aus Morsko.
4. *Marušič Valentin aus St. André.
5. R. v. Schneid Josef aus Wien.
6. *Pavlica Andreas aus Reifenberg.
7. *Ponton Josef aus Ajello.
8. *Rojec Johann aus Triest.
9. Grabrijan Alois aus Wippach.
10. *Stua Gaudenz aus Cormons.
11. *Zorzin Peter aus Visco.
12. *Michellini Johann aus Triest.
13. *Drius August aus Cormons.
14. *Valentinčič Ignaz aus Morsko.
15. R. v. Wiedemann Ernst aus Meran.
16. Hurdalek Gustav aus Gretta bei Triest.
17. Slejko Johann aus Ravna.
18. Gasser Josef aus Görz.
19. Howainski Ewald aus Görz.
20. *Rejec Jacob aus Šebrelje.
21. Mosettig Paul aus Görz.
22. R. v. Pajer Marius aus Görz.
23. Beucer Franz aus Gradisca.
24. R. v. Böckmann Adolf aus Görz.
25. *R. v. Klodič Adolf aus Görz.
26. Brezigar Karl aus Podgora.
27. Schobert Karl aus Podgora.
28. Boschin Josef aus Görz.

Fünfte Classe.

1. **Hlavaček Robert** aus Oedenburg in Ungarn.
2. **Ferjančič Franz** aus Goče in Krain.

3. Morpurgo Guido aus Görz.
4. Povšič Anton aus Gargar.
5. Stubelj Franz aus St. Daniel.
6. Devetak Victor aus Triest.
7. Cesciutti Victor aus Görz.
8. Manincor v. Freiecke Silvius aus Rovigno.
9. * Primos Isidor aus Cormons.
10. Vidmar Josef aus Reifenberg.
11. * Kragelj Valentin aus St. Lucia.
12. * Camuffo Josef aus Grado.
13. Gregorčič Kaspar aus Versno.
14. Pinaucig Peter aus Görz.
15. Rossi Wilhelm aus Podgora.
16. Gergolet Andreas aus Doberdob.
17. Leban Ignaz aus Vertoiba.
18. Čibej Johann aus Haidenschaft.
19. Kaffau Anton aus Pola.
20. Dekleva Josef aus Košana in Krain.
21. Bisiac Johann aus Görz.
22. Batič Leopold aus Cesta.
23. Primožič Josef aus Pevma.
24. Budau Heinrich aus Komen.
25. Keck Victor aus Görz.

Sechste Classe.

1. * Zamparo Alexander aus Padua.
2. * Fon Josef aus Woltschach.
3. * Visintini Georg aus Brazzano.
4. Repič Rudolf aus Haidenschaft.
5. Hozhevar Johann aus Laibach.
6. Schechel Johann aus Oberburg in Steiermark.
7. Pitacco Georg aus Pirano.
8. * Kralj Ignaz aus Dornberg.
9. Wurmb v. Nordmünster Robert aus Triest.
10. * Bobelka Franz aus Görz.
11. * Vidoz Anton aus Lucinico.
12. * Golja Franz aus Decani in Istrien.
13. Morpurgo Oskar aus Görz.
14. Furlan Josef aus Mirke in Krain.
15. Perinčič Karl aus Karfreit.
16. * Nanut Johann aus Görz.
17. v. Flego Peter aus Görz.
18. Candido Leo aus Görz.
19. Pogačnik Josef aus Podnart in Krain.
20. * Uršič Anton aus Sovodnje.
21. Lokar Arthur aus Haidenschaft.
22. Batagelj Johann aus Vertovin.
23. Kavčič Franz aus Tolmein.

Siebente Classe.

1. *Kalin Josef aus Haidenschaft.
2. Schmutz Richard aus Mitterburg.
3. *Kuščar Johann aus Woltschach.
4. *Sedej Johann aus Kirchheim.
5. *Brumat Jakob aus Farra.
6. R. v. Wiedemann Adolf aus Meran.
7. *Marchesan Johann aus Grado.
8. Tavš Peter aus Poča.
9. Cleri Alois aus Görz.
10. Janko Philipp aus Diex in Kärnten.
11. Studeni Roman aus Görz.
12. Planiscig Franz aus Görz.
13. *Remec Johann aus Schönpass.
14. Ussai Edmund aus Görz.
15. Ivančič Mathias aus Kamno.
16. Vidrig Anton aus Görz.
17. Turk Franz aus Sepulje.
18. *Ulian Hermenegild aus Ruda.
19. Kosec Josef aus Görz.
20. Pahor Leopold aus Nabresina.
21. Zandegiacomo Johann aus Görz.

Achte Classe.

1. Pavletič Franz aus Podgora.
2. Frh. v. Lempruch Karl aus Verona.
3. *Žigon Franz aus Haidenschaft.
4. Kafol Johann aus Ravna.
5. Geiger Franz aus Krainburg.
6. R. v. Gaddum Edgar aus Triest.
7. Edl. v. Crippa Friedrich aus Hietzing bei Wien.
8. Fabijan Mathias aus Kobdilj.
9. Morpurgo Napoleon aus Gradisca.
10. *Marinig Caesar aus Cormons.
11. Edl. v. Marquet Richard aus Triest.
12. Pangrazi Hugo aus Zara.
13. *Stacul Karl aus Medea.
14. Trampusch Franz aus Görz.
15. Neuberger Moriz aus Prestranek in Krain.
16. Jansekovič Vladimir aus Wippach.
17. Vidoz Johann aus Lucinico.
18. Gulin Ludwig aus Tolmein.
19. Bachmann Leopold aus Castua in Istrien.
20. Strausgitl Eduard aus Flitsch.
21. Riaviz Gustav aus Pola in Istrien.